Rudolf Steiner

Welt- und Lebensanschauungen im neunzehnten Jahrhundert

Rückschau auf 100 Jahre geistiger Entwicklung - 1. Band

Verlag
der
Wissenschaften

Rudolf Steiner

Welt- und Lebensanschauungen im neunzehnten Jahrhundert

Rückschau auf 100 Jahre geistiger Entwicklung - 1. Band

ISBN/EAN: 9783957008749

Auflage: 1

Erscheinungsjahr: 2016

Erscheinungsort: Norderstedt, Deutschland

Hergestellt in Europa, USA, Kanada, Australien, Japan
Verlag der Wissenschaften in Hansebooks GmbH, Norderstedt

Cover: Sandro Botticelli "Die Geburt der Venus"

Verlag Siegfried Cronbach, Berlin.

Am Ende des Jahrhunderts.

Rückschau auf 100 Jahre geistiger Entwickelung.

Band XV.

Die religiöse Bewegung im 19. Jahrhundert

von

Dr. Eduard Loewenthal.

Aus dem Vorwort des Verfassers!

Eine Geschichte der religiösen Bewegung im 19. Jahrhundert zu schreiben, hat niemand vor mir unternommen. Der Gegenstand ist bis jetzt nur in einzelnen Werken über Kultur- und Kirchengeschichte erörtert worden, die fast durchweg mit den Vorgängen in den Fünfziger Jahren abschließen.

Wie man aus dem Verlaufe meiner Darstellung ersehen wird, sind die Wandlungen, welche die religiösen Anschauungen im 19. Jahrhundert in den größeren Kulturländern erfahren haben, von weit größerer Tragweite, als die, welche im 16. Jahrhundert die sog. Reformation im Gefolge hatte. Bei der religiösen Bewegung im 19. Jahrhundert handelt es sich nicht mehr um bloße konfessionelle Streitigkeiten innerhalb des Christentums, sondern um die Anerkennung oder Nichtanerkennung der Grundlagen der traditionellen Religionen überhaupt. Hiernach dürfte das Interesse zu bemessen sein, welches das vorliegende Buch zu beanspruchen hat. . . . .

Am Ende des Jahrhunderts.

Rückschau
auf
100 Jahre geistiger Entwickelung.

Band XIV.

Welt- und Lebensanschauungen im neunzehnten Jahrhundert

von

Dr. Rudolf Steiner.

Erster Band.

Berlin, 1900.
Verlag Siegfried Cronbach.

Welt- und Lebensanschauungen

im

neunzehnten Jahrhundert.

Von

Dr. Rudolf Steiner.

Band I.

Berlin, 1900.
Verlag Siegfried Cronbach.

Prof. Dr. Ernst Haeckel

widmet dieses Buch

in

herzlicher Hochschätzung

der Verfasser.

Vorrede.

In dieser Schrift wird der Versuch gemacht, die Entwickelung der Welt- und Lebensanschauungen von Goethe und Kant bis zu Darwin und Haeckel darzustellen. Diese Entwickelung stellt sich als ein gewaltiges Ringen des menschlichen Geistes dar, das im Anfange des neunzehnten Jahrhunderts mit der kühnsten Entfaltung der Denkkraft behufs Lösung der großen Rätselfragen des Daseins begann, und das in der Vertiefung der naturwissenschaftlichen Erkenntnisse unserer Zeit eine vorläufige Befriedigung sucht.

In zwei Bände zerfällt diese Schrift. Der vorliegende behandelt die ersten fünf Jahrzehnte des Jahrhunderts, in denen die Geister bestrebt waren, aus sich selbst heraus die Wahrheit zu holen. Man könnte diesen Zeitabschnitt die idealistische Periode nennen. Der zweite Band wird das Zeitalter der Naturwissenschaft, die realistische Periode, zum Gegenstande haben. Sie trachtet durch Verwertung der bedeutsamen Fortschritte, welche die Beobachtung der Thatsachen in den letzten fünf Jahrzehnten gemacht hat, den Welträtseln nahe zu kommen.

Der Verfasser giebt sich der Hoffnung hin, daß wegen seines Strebens nach einer leicht faßlichen, populären Darstellungsweise, die dem Buche in weitesten Kreisen Eingang verschaffen soll, die Kenner der Weltanschauungsentwickelung unseres abgelaufenen Jahrhunderts nicht übersehen werden, daß er mit aller Strenge den in Betracht kommenden Fragen nachzugehen suchte. Sie werden finden, daß hier eine Reihe neuer Gesichtspunkte gewonnen worden ist, wenn sie z. B. die Darstellung der Kantschen, Goetheschen, Fichteschen, Hegelschen und Stirnerschen Weltanschauung mit anderen geschichtlichen Auseinandersetzungen desselben Gegenstandes vergleichen.

Vor allen Dingen wurde angestrebt, jeder Persönlichkeit, die sich an dem Aufbau der modernen Weltanschauung beteiligt hat, ihr volles Recht zu teil werden zu lassen. Ich stehe mit meinen eigenen Anschauungen in vollem Einklange mit den Ergebnissen, zu denen der größte Naturforscher der Gegenwart, Ernst Haeckel, gelangt ist. Ich habe auf diesen Einklang besonders in meiner „Philosophie der Freiheit" hingewiesen, und darf es mir zur Ehre anrechnen, daß Ernst Haeckel, der soeben in seinem Werke „Die Welträtsel" sein Ideengebäude allseitig ausgeführt hat, die Widmung meines Buches angenommen hat. Das wahre Verständnis dieser modernen Weltanschauung wird dadurch wesentlich gefördert werden, daß man sich auch in die entgegengesetzten Gedanken vorurteilslos vertieft. So kommt in diesem Buche z. B. die Ansicht Schellings in einer Art zur Sprache, der man, wie ich glaube, nicht einmal anmerkt, daß ein entschiedener Gegner redet. Um treue geschichtliche Erörterung, nicht um einseitige Kritik war es mir zu thun; und ich würde mich glücklich schätzen, wenn Kundige fänden, daß meine scharf ausgeprägte eigene Weltanschauung mir den Blick für die Gedanken Anderer nicht getrübt, sondern geschärft habe.

Berlin, im Februar 1900.

Rudolf Steiner.

Einleitung.

Wenn die Natur den Menschen ebenso behandelte, wie alle übrigen Wesen, so gäbe es keine Welt- und Lebensanschauung. Er wandelte zufrieden und glücklich durchs Leben wie die Rose, von der Angelus Silesius sagt: „Die Ros' ist ohn warumb, sie blühet, weil sie blühet, sie acht nicht ihrer selbst, fragt nicht ob man sie sihet." So kann der Mensch nicht sein. Er muß nicht nur seiner selbst achten; er muß auch der Wesen um sich her achten. Er muß sich selbst in der Welt zurecht finden, wenn er in ihr leben will. Er kann die Fülle ihrer Erscheinungen nicht einfach an sich vorüberziehen lassen, denn diese stellen unzählige Fragen an ihn; und er fühlt sich haltlos, wenn er keine Antwort findet. Er muß durch sein Handeln selbst in den Gang der Erscheinungen eingreifen. Daraus entspringen für ihn weitere Fragen: Wie soll er eingreifen? Und endlich ist das Bedürfnis in ihn gelegt, zu wissen, was aus seinem Zusammenwirken mit der übrigen Welt entsteht, welcher schließliche Erfolg sich aus seinem Thun ergiebt. Aus diesen drei Grundtrieben der Menschennatur entspringen alle Welt- und Lebensanschauungen. Kant hat diese Triebe in seiner „Kritik der reinen Vernunft" in die drei Fragen gekleidet: Was kann ich wissen? Was soll ich thun? Was darf ich hoffen? Goethe hat ihnen Ausdruck gegeben in dem Satze: „Kenne ich mein Verhältnis zu mir selbst und zur Außenwelt, so heiß' ichs Wahrheit."

Nach der Art und dem Grade ihrer geistigen Fähigkeiten beantworten sich die Menschen diese Fragen in der verschiedensten Weise. Und da die Antworten die höchsten Ergebnisse der Geisteskultur sind, da sie das ausmachen, wodurch sich der Mensch erst seinen wahren Wert geben will, so ist es begreiflich, daß sie zu den gewaltigsten Kämpfen geführt haben.

Kein Jahrhundert hat wohl eine solche Fülle von Antworten auf diese Fragen hervorgebracht wie dasjenige, an dessen Ende wir stehen. Schopenhauer hat es deshalb das philosophische genannt. Und insbesondere ist es das deutsche Geistesleben, das an dieser Kulturarbeit den hervorragendsten Anteil hat. Kaum einer der Wege, die zum Ziele zu führen scheinen, blieb unbeschritten innerhalb dieser hundertjährigen Entwickelung des deutschen Geistes. Die ältesten religiösen Vorstellungen traten in einen erbitterten Kampf mit den jüngsten Ergebnissen des wissenschaftlichen Denkens. Radikale Anschauungen erschienen neben friedfertigen Vermittelungsversuchen zwischen den entgegengesetzten Meinungen. Die mutloseste Zweifelsucht gegenüber den letzten Fragen hat ihre Vertreter gefunden und auch der kühnste, stolzeste Ideenflug, für den es kein unbeantwortetes Rätsel zu geben scheint.

Wie zwischen zwei Marksteinen liegt die Entwickelung der deutschen Welt- und Lebensanschauungen eingeschlossen zwischen zwei litterarischen Erscheinungen, von denen die eine wie ein Morgengeläute des neuen Jahrhunderts in das Jahr 1800 fällt: Fichtes „Bestimmung des Menschen," und die andere soeben als Ausklang desselben auftritt: Ernst Haeckels „Die Welträtsel. Gemeinverständliche Studien über monistische Philosophie." Man kann sich kaum einen größeren Gegensatz denken, als der ist, welcher zwischen diesen beiden Büchern herrscht. Haeckel baut eine Welt- und Lebensansicht allein dadurch auf, daß er sich in die Dinge und Vorgänge der Natur vertieft. Die unbefangene Beobachtung der Erscheinungen durch die Sinne, ihre genaue Untersuchung mit den Hilfsmitteln der Wissenschaften, und das logische Denken, welches die natürlichen Zusammenhänge und Gesetze der Vorgänge aufsucht, sind ihm die Quelle der Wahrheit. Fichte giebt zwar ein Bild dieser Ansicht, aber nur, um zu zeigen, daß mit ihr für das höchste Bedürfnis des menschlichen Geistes nichts anzufangen ist. Im ersten Buch seiner „Bestimmung des Menschen" charakterisiert er das Bild der Naturerscheinungen, wie es sich der denkenden Betrachtung ergiebt, in dieser Weise: „In jedem Momente ihrer Dauer ist die Natur ein zusammenhängendes Ganze; in jedem Momente muß jeder einzelne Teil derselben so sein, wie er ist, weil alle übrigen sind, wie sie sind; und du könntest kein Sandkörnchen von seiner Stelle verrücken, ohne dadurch, vielleicht unsichtbar für deine Augen, durch alle Teile des unermeßlichen Ganzen hindurch etwas zu verändern. Aber jeder Moment dieser Dauer ist bestimmt durch alle abgelaufenen Momente, und wird bestimmen alle künftigen Momente; und du kannst in dem gegenwärtigen keines Sandkorns Lage anders denken, als sie ist, ohne daß du genötigt würdest, die ganze Vergangenheit ins Unbestimmte hinauf, und die ganze Zukunft ins Unbestimmte herab dir anders zu denken." Eine solche Vorstellung von der Natur macht Haeckel zu der seinigen. Er sagt: „Die mechanische oder monistische Philosophie behauptet, daß überall in den Erscheinungen des menschlichen Lebens, wie in denen der übrigen Natur, feste und unabänderliche Gesetze walten, daß überall ein notwendiger ursachlicher Zusammenhang, ein Kausalnexus der Erscheinungen besteht, und daß demgemäß die ganze uns erkennbare Natur ein einheitliches Ganze, ein „Monon" bildet." Fichte stellt diese Vorstellung von der Natur hin, um zu zeigen, daß sie einem Bedürfnisse des Verstandes entspricht. Aber er schreibt sein Buch nur, um diesen Verstand durch die noch tieferen Bedürfnisse des menschlichen Gemütes zu widerlegen. Denn der Verstand führe dahin, den Menschen selbst mit all seinem Thun und Lassen sich nur als ein von Naturkräften erzeugtes Wesen vorzustellen. „Ich selbst mit allem, was ich mein nenne, bin ein Glied in dieser Kette der strengen Naturnotwendigkeit Daß meine Zustände nun eben von Bewußtsein begleitet werden, und einige derselben, — Gedanken, Entschließungen und dergleichen — sogar nichts anderes zu sein scheinen, als Bestimmungen eines solchen Bewußtseins, darf mich in meinen Folgerungen nicht irre machen. Es ist die Naturbestimmung der Pflanze, sich regelmäßig auszubilden, die des Tieres, sich zweckmäßig zu bewegen, die des Menschen, zu denken." Dies alles sagt der Verstand — ist Fichtes Meinung. Aber eine innere Stimme meines Gemütes sagt mir: wenn ich dies oder jenes thue, hat es nicht eine Naturkraft gethan, sondern ich selbst, aus freier Entschließung. Wenn aber alles, was in der Natur geschieht, notwendig geschieht, wenn es nur erfolgt, weil etwas anderes vorhergegangen ist, dann ist auch mein Handeln notwendig geschehen. Ich habe es nicht beschlossen. Es ist durch Umstände bedingt, die von meiner Entschließung ganz unabhängig sind. Es ist lediglich eine Täuschung, der ich mich hingebe, wenn ich mich für den Urheber meiner Handlungen halte. Fichte malt das Bild einer solchen Verstandesansicht grell hin, um es recht absurd erscheinen zu lassen: „ich handle ja überhaupt nicht, sondern in mir handelt die Natur; mich zu etwas anderem zu machen, als wozu ich durch die Natur bestimmt bin, dies kann ich mir nicht vornehmen wollen, denn ich mache mich gar nicht, sondern die Natur macht mich selbst und alles, was ich werde." Unbefriedigt wendet sich Fichte von einer solchen Weltanschauung ab. „Kalt und tot dastehen, und dem Wechsel der Begebenheiten nur zusehen, ein träger Spiegel der vorüberfliehenden Gestalten — dieses Dasein ist mir unerträglich, ich verschmähe und verwünsche es." „Trocken und herzlos, aber unerschöpflich im Erklären" nennt unser Philosoph die Ansicht des Verstandes. Und er erklärt diese Ansicht selbst nur für ein Trugbild. Denn woher wissen wir von all den Dingen und Vorgängen der Natur, die in einer Kette der strengen Notwendigkeit zusammenhängen? Doch nur dadurch, daß wir sie vorstellen, daß unser Bewußtsein sich Bilder von ihnen macht. Ich kann also nicht sagen: es giebt eine Außenwelt, sondern nur: mein Bewußtsein hat Bilder einer solchen Außenwelt. Auch im Traume habe ich Bilder, denen nichts Wirkliches entspricht. Warum sollte nicht die ganze Außenwelt ein Traum sein? „Alles Wissen ist nur Abbildung, und es wird in ihm immer etwas gefordert, das dem Bilde entspreche.“ Wie kann man das eigene Sein aus Dingen und Vorgängen erklären, deren Wirklichkeit durch nichts anderes verbürgt ist als dadurch, daß dieses eigene Sein sie vorstellt? Wer das Wesen dessen, was wir Außenwelt nennen, durchschaut — so meint Fichte — für den kann aus dieser Außenwelt niemals die Wahrheit kommen. „Hast du kein anderes Organ, so wirst du sie nimmer finden.“ Im eigenen Innern des Menschen glaubt Fichte ein solches Organ entdeckt zu haben. Eine Stimme dieses Innern sagt jedem Menschen: handle im Sinne deiner Pflicht. Diese Stimme kann nicht trügerisch sein wie die Aussagen der sinnlichen Welt. „Der Nebel der Verblendung fällt von meinem Auge; ich erhalte ein neues Organ, und eine neue Welt geht in demselben mir auf.“ Wenn alles übrige Schein und Blendwerk ist: dieser mein Wille zum Handeln, der sich in meinem eigenen Innern ankündigt, muß die Wahrheit sein. Hier findet Fichte einen festen Punkt. „Mein Wille steht allein da, abgesondert von allem, was er nicht selbst ist, blos durch sich und für sich selbst seine Welt.“ So fest und sicher glaubt Fichte in dem Willen das Dasein in seinem Mittelpunkte erfaßt zu haben, daß ihn das Bewußtsein davon zu dem Ausspruche drängt: „Ich hebe mein Haupt kühn empor zu dem drohenden Felsengebirge, und zu dem tobenden Wassersturz und zu den krachenden, in einem Feuermeer schwimmenden Wolken und sage: ich bin ewig und trotze eurer Macht? Brecht alle herab auf mich, und du Erde und du Himmel vermischt euch im wilden Tumulte, und ihr Elemente alle schäumet und tobet und zerreibet im wilden Kampfe das letzte Sonnenstäubchen des Körpers, den ich mein nenne, — mein Wille allein mit seinem festen Plane soll kühn und kalt über den Trümmern des Weltalls schweben. Denn ich habe meine Bestimmung ergriffen, und die ist dauernder als ihr; sie ist ewig, und ich bin ewig wie sie." Sehen wir, was dieser Kundgebung vom Anfange des Jahrhunderts Ernst Haeckel für eine andere am Ende desselben entgegensetzt. „Durch die Vernunft allein können wir zur wahren Natur-Erkenntnis und zur Lösung der Welträtsel gelangen. Die Vernunft ist das höchste Gut des Menschen und derjenige Vorzug, der ihn allein von den Tieren wesentlich unterscheidet. Das Gemüt hat mit der Erkenntnis der Wahrheit gar nichts zu thun. Was wir „Gemüt" nennen, ist eine verwickelte Thätigkeit des Gehirns, welche sich aus Gefühlen der Lust und Unlust, aus Vorstellungen der Zuneigung und Abneigung, aus Strebungen des Begehrens und Fliehens zusammensetzt. Die Erkenntnis der Wahrheit fördern alle diese Gemüts-Zustände und Gemüts-Bewegungen in keiner Weise; im Gegenteil stören sie oft die allein dazu befähigte Vernunft und schädigen sie häufig in empfindlichem Grade. Noch kein Welträtsel ist durch die Gehirnfunktion des Gemüts gelöst, oder auch nur gefördert worden." Und über den Willen, in dem Fichte den Kern des Daseins zu ergreifen glaubt, äußert sich Haeckel: „Wir wissen jetzt, daß jeder Willens-Akt ebenso durch die Organisation des wollenden Individuums bestimmt und ebenso von den jeweiligen Bedingungen der umgebenden Außenwelt abhängig ist wie jede andere Seelenthätigkeit." Daß er aber gerade dort, wo Fichte nur Trug und Unsicherheit, nur ein „trockenes und herzloses System" erblickt, die wahre Quelle der Wahrheit findet, spricht Haeckel mit den Worten aus: „Die wahre Offenbarung, d. h. die wahre Quelle vernünftiger Erkenntnis, ist nur in der Natur zu finden. Der reiche Schatz wahren Wissens, der den wertvollsten Teil der menschlichen Kultur darstellt, ist einzig und allein den Erfahrungen entsprungen, welche der forschende Verstand durch Natur-Erkenntnis gewonnen hat, und den Vernunft-Schlüssen, welche er durch richtiges

Denken aus den Erfahrungs-Vorstellungen gezogen hat. Jeder vernünftige Mensch mit normalem Gehirn und normalen Sinnen schöpft bei unbefangener Betrachtung aus der Natur diese wahre Offenbarung." Ernst Haeckel bezeichnet in der Vorrede zu seiner Schrift „Die Welträtsel" als deren Ziel die Beantwortung der Frage: „Welche Stufe in der Erkenntnis der Wahrheit haben wir am Ende des neunzehnten Jahrhunderts wirklich erreicht?" Er nimmt innerhalb des Geisteslebens am Ende des Jahrhunderts eine ähnliche Stellung ein, wie sie Fichte innerhalb desselben am Beginne eingenommen hat. Die auf Darwins naturwissenschaftliche Forschungen begründete Denkweise beherrscht heute die Geister ebenso wie im Anfang des Jahrhunderts die Vorstellungsweise Kants. Haeckel hat die letzten Folgerungen aus Darwins Ergebnissen ebenso gezogen wie Fichte die aus den Voraussetzungen Kants. Beide Denker sind sich auch bewußt, daß sie in den genannten Schriften die reifsten Früchte ihres Denkens gegeben haben. Fichte schreibt am 5. November 1799 an seine Gattin: „Ich habe bei der Ausarbeitung meiner Schrift einen tiefern Blick in die Religion gethan als noch je. Bei mir geht die Bewegung des Herzens nur aus vollkommener Klarheit hervor, es konnte nicht fehlen, daß die errungene Klarheit zugleich mein Herz ergriff." Und Haeckel bemerkt von seiner Anschauung in der Vorrede der „Welträtsel": „Diese naturphilosophische Gedankenarbeit erstreckt sich jetzt über ein volles halbes Jahrhundert, und ich darf jetzt, in meinem 66. Lebensjahre, wohl annehmen, daß sie reif im menschlichen Sinne ist."

Man darf also wohl eine Geschichte der deutschen Welt- und Lebensanschauungen im neunzehnten Jahrhundert als die Entwickelung der Gesichtspunkte Fichtes zu denjenigen Haeckels ansehen. Der schroffe Gegensatz der beiden Anschauungen weist uns zugleich darauf hin, in welchen Gebieten die Haupttriebfedern dieser Entwickelung zu suchen sind. Fichte betrachtet die Naturvorgänge als ein Feld, auf dem die letzten Wahrheiten nicht gesucht werden dürfen. Haeckel ist der Ansicht, daß sie nur hier gefunden werden können. Dieser Umschwung in der Schätzung der Natur-Erkenntnis wird begreiflich, wenn man den gegenwärtigen Zustand dieser Erkenntnis vergleicht mit dem, der vor hundert Jahren geherrscht hat. Für die wichtigsten Erscheinungen, diejenigen, welche auf das Verhältnis des Menschen zur übrigen Welt Licht werfen, fand die Naturwissenschaft erst in unserem Jahrhundert die Mittel und Wege, um über sie Aufklärung zu geben. Nur über die eine dieser Fragen wußte vor hundert Jahren die Naturwissenschaft mit ihren Methoden etwas zu sagen, über die Stellung, welche die Erde im Weltenraume einnimmt. Durch die Lehren Kopernicus' und Kepplers, welche die Bewegung unseres Planeten um die Sonne feststellten und deren gesetzmäßigen Verlauf erklärten, war seit dem sechszehnten Jahrhundert die mittelalterliche Überzeugung erschüttert, daß die Erde im Mittelpunkte des Weltalls stehe und alles, was außerhalb ihrer sich abspielt, nur um ihretwillen da sei. Um so mehr tastete man im Dunkeln, wenn es sich darum handelte, diejenigen Vorgänge innerhalb unseres Erdenlebens selbst zu erklären, die sich den groben Eindrücken der Sinne entziehen. Die verbesserten mikroskopischen Untersuchungsweisen machten es in diesem Jahrhundert möglich, ein lebendiges Wesen im Beginne seiner Entwickelung genau zu beobachten. Lyells geologische Forschungen gaben vor sieben Jahrzehnten einen naturgemäßen Begriff, wie die Gebilde der Erdoberfläche allmählich entstanden sind. Darwins Entdeckungen um die Mitte des Jahrhunderts zeigten die Verwandtschaft, in der alles steht, was auf der Erde lebt. Was auf solche Art festgestellt ist, läßt sich nicht mehr so behandeln, wie Fichte die Naturerkenntnis behandelt hat. Schiller traf für seine Zeit das Richtige, wenn er den Naturforschern und den Philosophen zurief: „Feindschaft sei zwischen euch! Noch kommt das Bündnis zu frühe; wenn ihr im Suchen euch trennt, wird erst die Wahrheit erkannt.“ Denn die Naturforschung seiner Zeit hatte nur sicheren Boden unter den Füßen, wenn sie sich auf die Ergebnisse der Astronomie stützte. Und für diese gilt gewiß sein eigenes Wort: „Schwatzet mir nicht so viel von Nebelflecken und Sonnen! Ist die Natur nur groß, weil sie zu zählen euch giebt? Euer Gegenstand ist der erhabenste freilich im Raume; aber, Freunde, im Raume wohnt das Erhabene nicht.“ Der Naturforschung der Gegenwart gegenüber, welche auf Grund der Darwinschen Anschauungen dem Menschen die natürlichen Gesetze seiner Entstehung gelehrt hat, wird sich Schillers Ausspruch nicht mehr aufrecht erhalten lassen.

Wie wenig in den letzten Jahrzehnten des vorigen Jahrhunderts die Naturforscher für die Welt- und Lebensanschauung zu leisten vermochten, das geht aus den Erfahrungen hervor, die Goethe mit ihnen machte, als er anfing, sich mit den Erscheinungen der Natur zu beschäftigen. Seine Vorstellungsart hatte ihn zu einem Verfahren geführt, das Schiller in einem Briefe an ihn am 23. August 1794 mit den Worten charakterisiert: „Von der einfachen Organisation steigen Sie, Schritt vor Schritt, zu der mehr verwickelten auf, um endlich die verwickelteste von allen, den Menschen, genetisch aus den Materialien des ganzen Naturgebäudes zu erbauen.“ Goethe betrachtete den Menschen nicht als ein Wesen, das neben den andern Naturgeschöpfen einen besonderen Ursprung habe, sondern er war der Ansicht, daß dieselben Kräfte und Gesetze, die alle andern Dinge hervorbringen, auch den Menschen zu erzeugen im stande sind. In einer herrlichen Weise hat er das in seinem Buche über Winkelmann ausgesprochen: „Wenn die gesunde Natur des Menschen als ein Ganzes wirkt, wenn er sich in der Welt als in einem großen, schönen, würdigen und werten Ganzen fühlt, wenn das harmonische Behagen ihm ein reines, freies Entzücken gewährt; dann würde das Weltall, wenn es sich selbst empfinden könnte, als an sein Ziel gelangt, aufjauchzen und den Gipfel des eigenen Werdens und Wesens bewundern.“ Auf eine solche

Auffassung hatte schon Herder in seinen „Ideen zu einer Philosophie der Geschichte der Menschheit," die er 1783 aufzuzeichnen begann, hingewiesen. Wir lesen in ihnen: „Vom Stein zum Krystall, vom Krystall zu den Metallen, von diesen zur Pflanzenschöpfung, von den Pflanzen zum Tier, von diesem zum Menschen sehen wir die Form der Organisation steigen, mit ihr auch die Triebe des Geschöpfs vielartiger werden und sich endlich alle in der Gestalt des Menschen, sofern diese sie fassen konnte, vereinen." Solche Ideen gehörten zu den Mitteln, durch die Goethe und Herder zu einer Gesamtauffassung der Welt zu kommen suchten und durch die sie sich prophetisch auf den Boden stellten, auf dem die Naturwissenschaft des neunzehnten Jahrhunderts gebaut hat. Die Weltanschauung dieser beiden sprechen Sätze wie diese in Herders „Ideen" aus: „Das Menschengeschlecht ist der große Zusammenfluß niederer organischer Kräfte." „Und so können wir annehmen, daß der Mensch ein Mittelgeschöpf unter den Tieren, d. i. die ausgearbeitete Form sei, in der sich die Züge aller Gattungen um ihn her im feinsten Inbegriff sammeln." Die Naturforschung jener Tage suchte im Gegensatz zu solchen Vorstellungen gerade nach Merkmalen, die den Menschen von den Tieren unterscheiden. Ein solcher Unterschied sollte darin bestehen, daß die Tiere zwischen den beiden symmetrischen Hälften des Oberkiefers einen kleinen Knochen, den Zwischenkieferknochen haben, der die oberen Schneidezähne enthält, und welcher bei dem Menschen nicht vorhanden sein soll, so daß bei ihm der Oberkiefer ein einziges Stück bilde. Das vertrug sich zwar mit den Ansichten der damaligen Naturforscher, die Linné in den Satz gekleidet hat: Arten „zählen wir so viele, als verschiedene Formen im Prinzip geschaffen worden sind"; es stimmte aber nicht zu Goethes und Herders Weltanschauung, nach welcher die Natur den Menschen nach denselben Gesetzen geschaffen hat wie die andern Organismen. Denn, wenn die Formen neben und unabhängig von einander entstanden sind, dann kann jeder ein anderer Bauplan zu Grunde liegen. Wenn aber die Natur allmählich von den einfachen Formen zu den mehr zusammengesetzten aufgestiegen ist, dann müssen sich bei der zusammengesetztesten, dem Menschen, dieselben Gesetze, nur vervollkommnet wiederfinden, die auch bei den anderen Lebewesen beobachtet werden. Deshalb suchte Goethe das Vorhandensein eines Zwischenkieferknochens auch beim Menschen nachzuweisen. Und seine sorgfältigen anatomischen Forschungen brachten ihn zur Entdeckung desselben. Für Goethe war diese Entdeckung also aus dem Bedürfnisse entsprungen, den naturgesetzlichen Zusammenhang der Menschen mit den übrigen Lebewesen zu erkennen. Das geht aus den Worten hervor, die er im November 1784 an Knebel schreibt: „Ich habe mich enthalten, das Resultat, worauf schon Herder in seinen Ideen deutet, schon jetzo — er meint, in der Abhandlung, in der er seine Entdeckung mittheilt — merken zu lassen, daß man nämlich den Unterschied des Menschen vom Tier in nichts einzelnem finden könne." So haben wir es auch zu verstehen was er an Herder schreibt: „Es soll Dich auch recht herzlich freuen; denn es ist wie der Schlußstein zum Menschen, fehlt nicht, ist auch da! aber wie! . Ich habe mirs in Verbindung mit Deinem Ganzen gedacht, wie schön es da wird." Für die Naturforschung hat diese Anschauung erst Huxley 1863 fruchtbar gemacht in seinem berühmten Satze: Die anatomischen Unterschiede des Knochenbaues zwischen dem Menschen und den menschenähnlichen Affen sind nicht so groß als diejenigen zwischen diesen Menschenaffen und den weniger entwickelten Affenarten. Die Naturforscher zu Goethes Zeit wollten einen solchen Unterschied durchaus haben. Goethe beklagt sich am 13. Februar 1785 in einem Briefe an Merck: „Von Sömmering (einem der bedeutendsten Anatomen) habe ich einen sehr leichten Brief. Er will mirs gar ausreden. Ohe!" Und am 11. Mai 1785 schreibt Sömmering selbst an Merck: „Goethe will, wie ich aus seinem gestrigen Brief sehe, von seiner Idee in Ansehung des Zwischenknochens noch nicht ab." Und der berühmteste Anatom vom Ende des vorigen Jahrhunderts, Camper, stellte entschieden Goethes Beobachtung als einen Irrtum hin. So weit war damals die Naturforschung davon entfernt, aus sich heraus demjenigen entgegenzukommen, der nach einer naturgemäßen Weltanschauung strebte.

* * *

Für die eine der Fragen, in die Kant das Ziel der Welt- und Lebensanschauung zusammengefaßt hat: „Was kann ich wissen?“ ist innerhalb der Entwickelung des neunzehnten Jahrhunderts im deutschen Geistesleben ohne Zweifel die Naturwissenschaft das treibende Element des Fortschrittes. Haeckel durfte daher in dem Vortrage, den er am 26. August 1898 auf dem vierten internationalen Zoologenkongreß in Cambridge gehalten hat, sagen: „Am Schlusse des neunzehnten Jahrhunderts blicken wir mit gerechtem Stolz auf die gewaltigen und unvergleichlichen Fortschritte, welche menschliche Wissenschaft und Kultur während seines Verlaufes gemacht haben — allen anderen voran die Naturwissenschaft. Diese Thatsache findet ihren charakteristischen Ausdruck darin, daß schon jetzt in vielen Schriften unser Jahrhundert als „das große“ bezeichnet wird oder als das Zeitalter der Naturwissenschaft.“

Wie steht es nun aber mit den beiden andern Weltanschauungsfragen: „Was soll ich thun?“ und „Was darf ich hoffen?“. Alexander Tille sagt in seinem bemerkenswerthen Buche „Von Darwin bis Nietzsche“: „Auch das Menschenleben ist ein Teil des Naturlebens; auch die menschlichen Anschauungen über das Leben des Menschen und seine Stellung zu seinen Mitmenschen müssen dem Wandel unterliegen und dies um so mehr, als alles, was bis zur Gegenwart über sie gedacht worden ist, mehr einseitigen Forderungen des Menschen an sich selbst als der Beobachtung eines gegebenen Thatbestandes entsprungen ist.“ Der Wandel der Anschauungen spricht sich heute in dem Ringen nach einer sozialen Weltanschauung aus. Auch auf diesem Gebiete hat die Naturwissenschaft ihren Einfluß geltend gemacht. Es sind ihre praktischen Ergebnisse, welche den menschlichen Gesichtskreis erweitert und dem menschlichen Handeln neue Wege gewiesen haben. Im Zeitalter des Telegraphen und des Telephons muß der Mensch Zeit und Raum in anderer Weise in seine Lebensrechnung einsetzen als in früheren Jahrhunderten. Durch Dampfkraft und Elektrizität sind uns völlig neue Aufgaben gestellt worden. Gütererzeugung, Güterverteilung und Verkehr haben unter solchen Einwirkungen ihre Formen verändert. Auch die moderne Bildung konnte von ihnen nicht unbeeinflußt bleiben. Der Mensch des neunzehnten Jahrhunderts, der in wenigen Stunden Strecken durchmißt, zu denen seine Vorfahren Tage gebraucht haben, der in Wien gehört wird, wenn er in Berlin in einen Apparat hinein spricht, macht sich andere Vorstellungen über den Gang der Weltereignisse als derjenige, der solches, nach dem Bildungsinhalt seiner Zeit, für eitle Träumerei hätte erklären müssen, wenn man es ihm als ein Ideal der Zukunft hingestellt hätte. Das Leben stellt heute an den Menschen andere Anforderungen als an seinen Ahnen vor hundert Jahren. Es ist daher begreiflich, daß er auch sich die Frage: Was soll ich thun? anders beantwortet als jener. In der gegenwärtigen Antwort auf diese Frage liegt der Inhalt dessen, was man „soziale Weltanschauung“ nennt. Die verwickelteren Verhältnisse, die in den Bau und in das Leben des sozialen Körpers durch die Errungenschaften der modernen Technik gekommen sind, haben die Menschen nicht nur dahin gebracht, durch sozialreformatorische Bestrebungen diesem Körper ein neues Gepräge zu geben, sondern auch die Natur desselben genauer zu studieren. Während Kant nur die menschliche Vernunft zu fragen für nötig hielt, wenn es sich darum handelte, die sittlichen Aufgaben festzustellen, untersucht man heute den gesellschaftlichen Organismus, wenn man erkennen will, was der Einzelne in ihm zu thun hat. Zwar hat schon Aristoteles den Satz ausgesprochen: „Der Mensch ist ein gesellschaftliches Lebewesen.“ Doch war es unserem Jahrhundert vorbehalten, diesen

Satz in den Mittelpunkt der Betrachtungen über das menschliche Verhalten zu rücken. Die Gesellschaft ist früher da als das Individuum, hat Herbert Spencer (geb. 1820) gesagt; und diese Ansicht beeinflußt gegenwärtig alle Betrachtungen über das menschliche Geistesleben. Die Soziologie oder Gesellschaftswissenschaft ist eine der jüngsten Wissenschaften. Ihren Begriff und Namen hat in der Mitte des Jahrhunderts der französische Denker A. Comte geschaffen. Sie hat schnell Wurzel gefaßt bei denjenigen, die sich mit dem Ausbaue einer Welt- und Lebensauffassung beschäftigen. In der vor kurzem erschienenen „Einleitung in die Philosophie" von Wilhelm Jerusalem wird nur eine zeitgemäße Auffassung vertreten, wenn behauptet wird: „Einer solchen Soziologie sind hohe und wichtige Aufgaben vorbehalten. Sie wird zu zeigen haben, inwiefern das Seelenleben des einzelnen durch das soziale Leben, durch den Gesamtwillen beeinflußt wird, und es dürfte sich herausstellen, daß dies in weit höherem Maße der Fall ist, als man heute noch glaubt. Der soziale Faktor in der Erkenntnisentwickelung wird da in seiner Wirksamkeit und Bedeutung zutage treten, und man wird finden, daß die Psychologie und die Erkenntnistheorie nur mit Berücksichtigung dieses Faktors zu weiteren Fortschritten gelangen können. Selbst für die Aesthetik, die individualistischeste unter den philosophischen Disziplinen, dürfte die Soziologie viel neues ergeben, indem das Publikum, für welches eine künstlerische Leistung bestimmt ist, den Künstler oft unbewußt bei seinem Schaffen leitet und indem das ästhetische Urteil des Einzelnen stark von der herrschenden Geschmacksrichtung beeinflußt wird. Daß die Ethik nur vom soziologischen Standpunkt aus bearbeitet werden darf, das ist heute schon fast allgemein anerkannt und wird mit den Fortschritten der Soziologie immer klarer werden. — Unsere ganze Welt- und Lebensanschauung wird dann als ein Produkt der sozialen Entwickelung erscheinen, einer Entwickelung, deren bedeutendstes Ergebnis die Schaffung selbständig denkender und freiheitsbedürftiger Persönlichkeiten ist. Die Soziologie der Zukunft ist demnach nicht nur eine philosophische Wissenschaft, sondern dürfte sich sogar ausgestalten zur Grundlage aller Philosophie.“ Wollte man am Ende des vorigen Jahrhunderts die Richtung des menschlichen Handelns bestimmen, dann geschah das im Sinne Schillers, der in seinen „Briefen über die ästhetische Erziehung des Menschen“ die Meinung ausspricht: „Jeder individuelle Mensch, kann man sagen, trägt der Anlage und Bestimmung nach, einen reinen, idealischen Menschen in sich, mit dessen unveränderlicher Einheit in allen seinen Abwechselungen übereinzustimmen, die große Aufgabe seines Daseins ist.“ Und man zweifelte nicht, daß man die Gesellschaft allmählich in einen solchen Zustand überführen müsse, daß der reine, idealische Mensch in ihr sich ausleben könne. Schiller sagt weiter: „Ist der innere Mensch mit sich einig, so wird er auch bei der höchsten Universalisierung seines Betragens seine Eigentümlichkeit retten, und der Staat wird blos der Ausleger seines schönen Instinkts, die deutliche Formel seiner innern Gesetzgebung sein.“ An diese „innere Gesetzgebung“ wandte man sich, wenn es sich um die höchste Lebensfrage handelte. Man glaubte, man brauche blos sich in das eigene Gemüt zu versenken, um die Bedürfnisse der Persönlichkeit zu erkennen. Gegenwärtig fragt man sich: wie ist die „innere Gesetzgebung“ als eine Errungenschaft der sozialen Kulturentwickelung geworden? Wenn heute sich eine individualistische Auffassung des menschlichen Geisteslebens Geltung verschafft, so widerspricht das der hiermit gezeichneten Hauptlinie in der Weltanschauungsentwickelung des neunzehnten Jahrhunderts ebensowenig wie Fichtes soziale Ideen in seinem 1800 erschienenen „Geschlossenen Handelsstaat“ im Gegensatz stehen zu der individualistischen Lebensansicht seiner Zeit. Denn der gegenwärtige Individualismus sieht in der freien Einzelpersönlichkeit einen Typus Mensch, der sich allmählich aus den unfreien Zuständen heraus entwickelt, der die Gesellschaft zu seiner Voraussetzung hat, weil er nur aus ihr *entstehen* kann. Er untersucht die Gesellschaft und findet, daß sie ihrem Wesen nach das freie Individuum hervorbringt. Fichte aber faßt nicht die einzelne Persönlichkeit ins Auge, insofern sie sich aus der Kulturentwickelung ergiebt, sondern er leitet die Natur dieser Persönlichkeit aus der Vernunft ab und sucht dann eine Form des Gesellschaftslebens auszudenken, die seiner Vernunftidee am besten entspricht. Ein Individualist vom Ende unseres Jahrhunderts ist dies, trotzdem er von soziologischen Voraussetzungen ausgeht; Fichte entwickelte eine sozialistische Staatsidee, obgleich er alle Pflichten nur aus dem individuellen Willen des Einzelnen herleitete.

Naturwissenschaft, Technik und Soziologie sind die drei Triebkräfte, welche die Entwickelung der Weltanschauungen im neunzehnten Jahrhundert bedingen. Damit soll natürlich nicht geleugnet werden, daß im einzelnen auch andere Einflüsse in Betracht kommen. Das sind aber Nebenströmungen, die in den Hauptfluß zwar einmünden und von ihm aufgesogen werden, die aber seine Richtung im wesentlichen nicht verändern. Sie müssen da berücksichtigt werden, wo sie uns begegnen. Hier sollte nur die große Richtungslinie des Fortganges, die wir zu verfolgen haben, vorgezeichnet und das Ziel ins Auge gefaßt werden. — Zu diesem Zwecke mußten gleichsam zwei Querschnitte durch die Weltanschauungsentwickelung gelegt und nachgesehen werden, durch welche Hauptmerkmale diese Querschnitte gekennzeichnet sind.

Das Zeitalter Kants und Goethes.

Zu zwei geistigen Instanzen blickte am Ende des vorigen Jahrhunderts derjenige auf, der zur Klarheit über die großen Fragen der Welt- und Lebensanschauung kommen wollte: zu Kant und Goethe. Einer, der am gewaltigsten nach solcher Klarheit rang, ist Johann Gottlieb Fichte. Als er Kants „Kritik der praktischen Vernunft" kennen gelernt hatte, schrieb er: „Ich lebe in einer neuen Welt . . Dinge, von denen ich glaubte, sie können mir nie bewiesen werden, z. B. der Begriff der absoluten Freiheit und Pflicht sind mir bewiesen, und ich fühle mich darum um so froher. Es ist unbegreiflich, welche Achtung für die Menschheit, welche Kraft uns diese Philosophie giebt, welch ein Segen sie für ein Zeitalter ist, in welchem die Moral in ihren Grundfesten zerstört und der Begriff der Pflicht in allen Wörterbüchern durchstrichen war." Und als er auf Grundlage der Kantschen die eigene Anschauung in seiner „Grundlage der gesamten Wissenschaftslehre" aufgebaut hatte, da sandte er das Buch an Goethe mit den Worten: „Ich betrachte Sie, und habe Sie immer betrachtet, als den Repräsentanten der reinsten Geistigkeit des Gefühls auf der gegenwärtig errungenen Stufe der Humanität. An Sie wendet mit Recht sich die Philosophie. Ihr Gefühl ist derselben Probierstein." In einem ähnlichen Verhältnis zu beiden Geistern stand Schiller. Über Kant schreibt er am 28. Oktober 1794: „Es erschreckt mich gar nicht, zu denken, daß das Gesetz der Veränderung, vor welchem kein menschliches und kein göttliches Werk Gnade findet, auch die Form der Kantschen Philosophie, sowie jede andere zerstören wird; aber die Fundamente derselben werden dies Schicksal nicht zu fürchten haben, denn so alt das Menschengeschlecht ist, und so lange es eine Vernunft giebt, hat man sie stillschweigend anerkannt und im ganzen darnach gehandelt.“ Goethes Anschauung schildert Schiller am 23. August 1794 in einem Briefe an diesen: „Lange schon habe ich, obgleich aus ziemlicher Ferne, dem Gang Ihres Geistes zugesehen, und den Weg, den Sie vorgezeichnet haben, mit immer erneuter Bewunderung bemerkt. Sie suchen das Notwendige in der Natur, aber Sie suchen es auf dem schwersten Wege, vor welchem jede schwächere Kraft sich wohl hüten wird. Sie nehmen die ganze Natur zusammen, um über das Einzelne Licht zu bekommen; in der Allzeit ihrer Erscheinungsarten suchen Sie den Erklärungsgrund für das Individuum auf . Wären Sie als ein Grieche, ja nur als ein Italiener geboren worden, und hätte schon von der Wiege an eine auserlesene Natur und eine idealisierende Kunst Sie umgeben, so wäre Ihr Weg unendlich verkürzt, vielleicht ganz überflüssig gemacht worden. Schon in die erste Anschauung der Dinge hätten Sie dann die Form des Notwendigen aufgenommen, und mit Ihren ersten Erfahrungen hätte sich der große Stil bei Ihnen entwickelt. Nun da Sie als ein Deutscher geboren sind, da Ihr griechischer Geist in diese nordische Schöpfung geworfen wurde, so blieb Ihnen keine andere Wahl, als entweder selbst zum nordischen Künstler zu werden, oder Ihrer Imagination das, was ihr die Wirklichkeit vorenthält, durch Nachhilfe der Denkkraft zu ersetzen, und so gleichsam von innen heraus und auf einem rationalen Wege ein Griechenland zu gebären.“

Von Kant und Goethe wird daher eine Weltanschauungsgeschichte des neunzehnten Jahrhunderts ihren Ausgang nehmen müssen. Um die Wirkung des ersteren auf sein Zeitalter zu veranschaulichen, seien noch die Aussprüche zweier Männer über ihn angeführt, die auf der vollen Bildungshöhe ihrer Zeit standen. Jean Paul schrieb im Jahre 1788 an einen Freund: „Kaufen Sie sich ums Himmels willen zwei Bücher, Kants Grundlegung zu einer Metaphysik der Sitten und Kants Kritik der praktischen Vernunft. Kant ist kein Licht der Welt, sondern ein ganzes strahlendes Sonnensystem auf einmal." Und Wilhelm von Humboldt sagt: „Kant unternahm und vollbrachte das größte Werk, das vielleicht je die philosophierende Vernunft einem einzelnen Manne zu danken hat. . . Dreierlei bleibt, wenn man den Ruhm, den Kant seiner Nation, den Nutzen, den er dem spekulativen Denken verliehen hat, bestimmen will, unverkennbar gewiß: Einiges, was er zertrümmert hat, wird sich nie wieder erheben, Einiges, was er begründet hat, wird nie wieder untergehen, und was das Wichtigste ist, so hat er eine Reform gestiftet, wie die gesamte Geschichte des menschlichen Denkens keine ähnliche aufweist."

Man sieht, in Kants That sahen seine Zeitgenossen eine erschütternde Wirkung innerhalb der Weltanschauungsentwickelung. Er selbst aber hielt sie für diese Entwickelung so wichtig, daß er ihre Bedeutung derjenigen gleich setzte, die Kopernikus' Entdeckung der Planetenbewegung für die Naturerkenntnis hatte.

Man muß den Blick auf die Quellen richten, aus denen die Gebildeten des vorigen Jahrhunderts ihre Weltanschauung holten, um die Revolution zu begreifen, welche von der im Jahre 1781 erschienenen „Kritik der reinen Vernunft" Kants ausging. Die mittelalterliche Anschauungsweise, welche die höchsten Wahrheiten nur der göttlichen Offenbarung verdanken zu können glaubte und der menschlichen Vernunft nur die Gabe zuschrieb, diese Wahrheiten begreiflich zu finden, war durch Descartes (1596—1650) überwunden. Seine Ansicht war, daß man an allem zweifeln müsse, was man nicht aus der Vernunft heraus durch klare und deutliche Begriffe einsehen könne. Das Muster eines klaren und deutlichen Begriffsgebäudes bildeten die mathematischen Erkenntnisse. Und nach diesem Muster schuf Descartes eine

Weltanschauung, für welche die Vorstellungen, Gott, Freiheit des menschlichen Willens und die Unsterblichkeit der Seele absolut gewisse Wahrheit enthalten. Durch eine solche Vorstellungsart war der menschlichen Vernunft die Fähigkeit zuerkannt, durch eigene Kraft die höchsten Weltanschauungsfragen ebenso zu entscheiden, wie sie mit Hilfe der Mathematik über Zahl- und Größenverhältnisse urteilt. Descartes war bei diesem Verfahren zu denselben Wahrheiten gekommen, die auch der religiösen Überlieferung zu Grunde lagen: zu Gott, Freiheit und Unsterblichkeit. Zu einem andern Ergebnis gelangte Spinoza (1632—1677), als er die Gedankenrichtung Descartes' weiter verfolgte. Für ihn wurde das ganze Universum ein einheitliches System, dessen einzelne Glieder mit einander ebenso notwendig und gesetzmäßig zusammenhängen wie die einzelnen Begriffe des mathematischen Lehrgebäudes. Alles was innerhalb dieses Systems geschieht, das geschieht mit eiserner Notwendigkeit. Wenn ich meinen Arm ausstrecke, so ist das ebenso notwendig, wie eine Höhlung entsteht, wenn ein Stein in lockeres Erdreich fällt. Gott ist nur der Inbegriff dieses Systems kalter, starrer Notwendigkeiten. Von einer Freiheit des Willens kann innerhalb desselben keine Rede sein. Ebensowenig von einer Unsterblichkeit der Seele, denn diese ist ja kein Wesen für sich, sondern nur eine Äußerung des allgemeinen, gesetzmäßigen Weltgeschehens. Hatte Descartes geglaubt, zeigen zu können, daß die höchsten religiösen Glaubenswahrheiten auch Vernunftwahrheiten seien, so hatte Spinoza die Wahrheit aufgezeigt, zu der die Vernunft wirklich kommt, wenn sie sich selbst überlassen ist. In Deutschland hat Gottfried Wilhelm Leibniz (1646—1716) eine Weltanschauung begründet, die allerdings nicht in so schroffem Gegensatz zu dem Glaubensinhalte stand, wie die Spinozistische. Nach seiner Ansicht besteht die Welt nicht aus einem einzigen Allwesen, sondern aus einer Vielheit selbständiger Einzelwesen, die aus sich heraus handeln. Diese Wesen sind einfach und unzerstörbar, und der Einklang in ihrem Handeln ist ein- für allemal von einem göttlichen Urwesen vorherbestimmt. Man sieht: es kam Leibniz darauf an, das Wesentliche der überlieferten Glaubenslehren auch als Ergebnisse der reinen Vernunft hinzustellen. Und auf dieser Bahn schritt dann Christian Wolf weiter (1679—1754), dessen Anschauungen im vorigen Jahrhundert tonangebend waren, und zu denen sich auch Kant bekannte, bis er von anderer Seite her in seinen Überzeugungen wankend gemacht wurde. Es giebt für diese Weltauffassung zweierlei Wahrheiten. Die einen werden aus der Beobachtung der Thatsachen gewonnen; die andern sieht die Vernunft ein durch bloßes Nachdenken. Zu den letzteren gehören die höchsten Erkenntnisse: Gott, Freiheit und Unsterblichkeit. Wie tief begründet im deutschen Geistesleben des vorigen Jahrhunderts Wolfs Denkungsart war, das zeigt uns nichts deutlicher als Lessings Stellung innerhalb der Weltanschauungsentwickelung. Er faßt sein Glaubensbekenntnis in die Worte zusammen: „Die Ausbildung geoffenbarter Wahrheiten in Vernunftwahrheiten ist schlechterdings notwendig, wenn dem menschlichen Geschlechte damit geholfen werden soll." Man hat das achtzehnte Jahrhundert das der Aufklärung genannt. Die Geister Deutschlands verstanden die Aufklärung im Sinne des Lessingschen Ausspruches. Kant hat die Aufklärung erklärt als den „Ausgang des Menschen aus seiner selbstverschuldeten Unmündigkeit" und als ihren Wahlspruch bezeichnet: „Habe Mut, dich deines eigenen Verstandes zu bedienen." Nun waren selbst so hervorragende Denker wie Lessing durch die Aufklärung nicht weiter gekommen, als bis zu einer verstandesmäßigen Umformung der aus dem Zustande „selbstverschuldeter Unmündigkeit" überlieferten Glaubenslehren. Sie sind nicht zu einer reinen Vernunftansicht vorgedrungen wie Spinoza. Auf solche Geister mußte die Lehre des Spinoza, als sie in Deutschland bekannt wurde, einen tiefen Eindruck machen. Er hatte es wirklich unternommen, sich seines eigenen Verstandes zu bedienen, war aber dabei zu ganz anderen Erkenntnissen gekommen als die deutschen Aufklärer. Sein Einfluß mußte um so bedeutsamer sein, als seine nach mathematischer Art fest gebauten Schlußfolgerungen eine viel größere überzeugende Kraft hatten, als die leichtgeschürzten Gedankenketten Wolfs. Wie diese auf tiefere Gemüter wirkten, davon erhalten wir eine Vorstellung aus Goethes „Dichtung und Wahrheit". Er erzählt von dem Eindruck, den Professor Winklers im Geiste Wolfs gehaltene Vorlesungen in Leipzig auf ihn gemacht haben: „Meine Kollegia besuchte ich anfangs emsig und treulich; die Philosophie wollte mich jedoch keineswegs aufklären. In der Logik kam es mir wunderlich vor, daß ich diejenigen Geistesoperationen, die ich von Jugend auf mit der größten Bequemlichkeit verrichtete, so auseinander zerren, vereinzeln und gleichsam zerstören sollte, um den rechten Gebrauch desselben einzusehen. Von dem Dinge, von der Welt, von Gott glaubte ich ungefähr so viel zu wissen als der Lehrer selbst, und es schien mir an mehr als einer Stelle gewaltig zu hapern." Von seiner Beschäftigung mit Spinozas Schriften erzählt uns dagegen der Dichter: „Ich ergab mich dieser Lektüre und glaubte, indem ich mich selbst schaute, die Welt niemals so deutlich erblickt zu haben." Aber nur Wenige vermochten, sich der Denkungsart Spinozas so unbefangen hinzugeben wie Goethe. Bei den Meisten mußte er einen tiefen Zwiespalt in die Weltauffassung bringen. Für sie ist Goethes Freund Fr. H. Jacobi ein Repräsentant. Er sah ein, daß die sich selbst überlassene Vernunft nicht zu den Glaubenslehren, sondern zu der Ansicht führe, zu der Spinoza gekommen ist, daß die Welt von ewigen, notwendigen Gesetzen beherrscht wird. So stand Jacobi vor einer bedeutsamen Entscheidung: entweder mußte er seiner Vernunft vertrauen und die Glaubenslehren fallen lassen; oder er mußte, um die letzteren zu behalten, der Vernunft selbst die Möglichkeit absprechen, zu den höchsten Einsichten zu kommen. Er wählte das letztere. Er behauptete, daß der Mensch in seinem innersten Gemüte eine unmittelbare Gewißheit habe, einen sicheren G l a u b e n, vermöge dessen er die Wahrheit der Vorstellung eines persönlichen Gottes, der Freiheit des Willens und der Un=

sterblichkeit fühle, so daß diese Überzeugung ganz unabhängig sei von den auf logische Folgerungen gestützten Erkenntnissen der Vernunft, die sich gar nicht auf diese Dinge beziehen, sondern nur auf die äußeren Naturvorgänge. Auf diese Weise hat Jacobi das vernünftige Wissen abgesetzt, um für einen die Bedürfnisse des Herzens befriedigenden Glauben Platz zu bekommen. Goethe, der von dieser Entthronung des Wissens wenig erbaut war, schreibt an den Freund: „Gott hat Dich mit der Metaphysik gestraft und Dir einen Pfahl ins Fleisch gesetzt, mich mit der Physik gesegnet. Ich halte mich an die Gottesverehrung des Atheisten (Spinoza) und überlasse Euch alles, was ihr Religion heißt und heißen mögt. Du hältst aufs Glauben an Gott; ich aufs Schauen.“ Die Aufklärung hat zuletzt die Geister vor die Wahl gestellt, entweder die geoffenbarten Wahrheiten durch die Vernunftwahrheiten im Spinozistischen Sinne zu ersetzen, oder dem vernunftgemäßen Wissen selbst den Krieg zu erklären.

Und vor dieser Wahl stand auch Kant. Wie er sich zu ihr stellte und über sie entschied, das geht aus der klaren Ausführung im Vorworte zur zweiten Auflage seiner „Kritik der reinen Vernunft“ hervor: „Gesetzt nun, die Moral setze notwendig Freiheit (im strengsten Sinne) als Eigenschaft unseres Willens voraus, indem sie praktische in unserer Vernunft liegende Grundsätze anführt, die ohne Voraussetzung der Freiheit schlechterdings unmöglich wären, die spekulative Vernunft aber hätte bewiesen, daß dies sich gar nicht denken lasse, so muß notwendig jene Voraussetzung, nämlich die moralische derjenigen weichen, deren Gegenteil einen offenbaren Widerspruch enthält, folglich Freiheit und mit ihr Sittlichkeit dem Naturmechanismus den Platz einräumen. So aber, da ich zur Moral nichts weiter brauche, als daß Freiheit sich nur nicht selbst widerspreche und sich also doch wenigstens denken lasse, ohne nötig zu haben, sie weiter einzusehen, daß sie also dem Naturmechanismus ebenderselben Handlung (in anderer Beziehung genommen) gar kein Hindernis in den Weg lege;

so behauptet die Lehre der Sittlichkeit ihren Platz, welches aber nicht stattgefunden hätte, wenn nicht Kritik uns zuvor von unserer unvermeidlichen Unwissenheit in Ansehung der Dinge an sich selbst belehrt, und alles, was wir theoretisch erkennen können, auf bloße Erscheinungen eingeschränkt hätte. Eben diese Erörterung des positiven Nutzens kritischer Grundsätze der reinen Vernunft läßt sich in Ansehung des Begriffs von Gott und der einfachen Natur unserer Seele zeigen, die ich aber der Kürze halber vorbeigehe. Ich kann also Gott, Freiheit und Unsterblichkeit zum Gebrauch des notwendigen Gebrauchs praktischer Vernunft nicht einmal annehmen, wenn ich nicht der spekulativen Vernunft zugleich ihre Anmaßung überschwenglicher Einsichten benehme. . . Ich mußte also das Wissen aufheben, um zum Glauben Platz zu bekommen.“ Man sieht, Kant steht gegenüber Wissen und Glauben auf einem ähnlichen Boden wie Jacobi.

Der Weg, auf dem er dahin gelangte, ist allerdings ein anderer. Er war bis in sein fünfundvierzigstes Jahr gläubiger Anhänger Wolfs. Von diesem Glauben hatte ihn das Studium des englischen Philosophen David Hume (1711—1776) abgebracht. Dieser hatte allen Einsichten des menschlichen Verstandes einen radikalen Zweifel entgegengesetzt. Was scheint eine sicherere Wahrheit zu sein, als daß jede Wirkung eine Ursache haben müsse? Hume erschütterte die Überzeugung von dieser Gewißheit. Wenn ich einen Stein fallen sehe und nachher eine Aushöhlung im Erdboden wahrnehme, so nenne ich diese eine Wirkung des Falles. Aber woher schöpfe ich die Gewißheit, daß zwischen Ursache und Wirkung ein notwendiger Zusammenhang bestehe? Ich nehme den Fall des Steins wahr und nachher die Aushöhlung. Daß beides mit einander in Verbindung stehe, denke ich hinzu, sagt Hume. Das Denken verknüpft die Wahrnehmungen, aber nicht, weil in diesen selbst etwas liegt, was dieser Verknüpfung entspräche, sondern weil sich der Verstand gewöhnt hat, die Dinge in einen Zusammenhang zu bringen. Der Mensch ist gewohnt, zu sehen, daß ein Ding auf ein anderes der Zeit nach folgt. Er sieht auch, daß auf gewisse Vorgänge immer gleiche andere folgen; er bildet sich die Vorstellung, daß es so sein müsse. Er macht den ersten Vorgang zur Ursache, den zweiten zur Wirkung. Der Mensch ist auch gewohnt, zu sehen, daß auf einen Gedanken seines Geistes eine Bewegung seines Leibes folgt. Er erklärt: der Geist habe die Leibesbewegung bewirkt. Denkgewohnheit, nichts weiter liegt den Aussagen über den Zusammenhang der Welterscheinungen zu Grunde. Wirklichkeit haben nur die einzelnen Wahrnehmungen.

Durch diese Ausführungen Humes ist Kant aus dem Schlummer erweckt worden, in den ihn, nach seinem eigenen Bekenntnis, die Wolfsche Ideenrichtung versetzt hatte. Wie kann die Vernunft Urteile über Gott, Freiheit und Unsterblichkeit fällen, wenn ihre Aussagen über die einfachsten Begebenheiten auf solch unsicheren Grundlagen ruhen? Der Ansturm, den nun Kant gegen das vernünftige Wissen unternehmen mußte, war ein viel weiter gehender als derjenige Jacobis. Dieser hatte diesem Wissen wenigstens die Möglichkeit lassen können, die Natur in ihrem notwendigen Zusammenhange zu begreifen. Nun hat Kant auf dem Gebiete der Naturerkenntnis eine wichtige That mit seiner 1755 erschienenen „Allgemeinen Naturgeschichte und Theorie des Himmels“ vollbracht. Er hat gezeigt, daß man sich unser ganzes Planetensystem aus einem Gasball entstanden denken könne, der sich um seine Achse bewegt. Durch streng notwendige mathematische und physikalische Kräfte haben sich innerhalb dieses Balles Sonne und Planeten verdichtet und die Bewegungen angenommen, die sie in Gemäßheit der Lehren Kopernikus' und Kepplers haben. Kant hatte also die Fruchtbarkeit der Spinozistischen Denkart, nach welcher alles mit strenger mathematischer Notwendigkeit sich abspielt, durch eine eigene große Entdeckung auf einem speziellen Gebiete erwiesen. Er war von dieser Fruchtbarkeit so überzeugt, daß er in dem genannten Werke zu dem Ausrufe sich versteigt: „Gebt mir Materie, und ich will euch eine Welt daraus bauen.“ Und die unbedingte Gewißheit der mathematischen Wahrheiten stand für ihn so fest, daß er in seinen „Anfangsgründen der Naturwissenschaft“ die Behauptung aufstellt, eine eigentliche Wissenschaft sei nur eine solche, in welcher die Anwendung der Mathematik möglich ist. Hätte Hume Recht, so könnte von einer Gewißheit der mathematischen und naturwissenschaftlichen Erkenntnisse nicht die Rede sein. Denn dann wären diese Erkenntnisse nichts als Denkgewohnheiten, die sich der Mensch angeeignet hat, weil er den Weltenlauf in ihrem Sinne sich hat abspielen sehen. Aber es bestünde nicht die geringste Sicherheit darüber, daß diese Denkgewohnheiten mit dem gesetzmäßigen Zusammenhang der Dinge etwas zu thun haben. Hume zieht aus seinen Voraussetzungen die Folgerung: „Die Erscheinungen wechseln fortwährend in der Welt, und eines folgt dem andern in ununterbrochener Folge; aber die Gesetze und die Kräfte, welche das Weltall bewegen, sind uns völlig verborgen und zeigen sich in keiner wahrnehmbaren Eigenschaft der Körper . . .“ Rückt man also die Weltanschauung Spinozas in die Beleuchtung der Humeschen Ansicht, so muß man sagen: Nach dem bisher wahrgenommenen Verlauf der Weltvorgänge haben wir uns gewöhnt, sie in einem notwendigen, gesetzmäßigen Zusammenhange zu denken; wir dürfen aber nicht behaupten, daß dieser Zusammenhang mehr ist als eine bloße Denkgewohnheit. Träfe das zu, dann wäre es nur eine Täuschung der menschlichen Vernunft, daß sie über das Wesen der Welt durch sich selbst irgend welchen Aufschluß gewinnen könne. Und Hume könnte nicht widersprochen werden, wenn er von jeder Weltanschauung, die aus der reinen Vernunft gewonnen ist, sagt: „Werft sie ins Feuer, denn sie ist nichts als Trug und Blendwerk.“

Diese Folgerung Humes konnte Kant unmöglich zu der seinigen machen. Denn für ihn stand die Gewißheit der naturwissenschaftlichen und mathematischen Erkenntnisse, wie wir gesehen haben, unbedingt fest. Er wollte sich diese Gewißheit nicht antasten lassen, konnte sich aber dennoch der Einsicht nicht entziehen, daß Hume Recht hatte, wenn er sagte: Alle Erkenntnisse über die wirklichen Dinge gewinnen wir nur, indem wir diese beobachten und auf Grund der Beobachtung uns Gedanken über ihren Zusammenhang bilden. Liegt in den Dingen ein gesetzmäßiger Zusammenhang, dann müssen wir ihn auch aus den Dingen herausholen. Was wir aber aus den Dingen herausholen, davon wissen wir nicht mehr, als daß es bis jetzt so gewesen ist; wir wissen aber nicht, ob ein solcher Zusammenhang wirklich so mit dem Wesen der Dinge verwachsen ist, daß er sich nicht in jedem Zeitpunkt ändern kann. Wenn wir uns heute auf Grund unserer Beobachtungen eine Weltanschauung bilden, so können morgen Erscheinungen eintreten, die uns zu einer ganz anderen zwingen. Holen wir alle unsere Erkenntnisse aus den Dingen, so giebt es keine Gewißheit. Aber es giebt eine Gewißheit, sagt Kant. Die Mathematik und die Naturwissenschaft beweisen es. Von einer Welt, die außer uns ausgebreitet liegt und die wir nur durch Beobachtung auf uns einwirken lassen, könnte unsere Vernunft niemals behaupten, daß etwas in ihr gewiß sei. Folglich kann unsere Welt nur eine solche sein, die wir selbst aufbauen: eine Welt, die innerhalb unseres Geistes liegt. Was außer mir vorgeht, während ein Stein fällt und die Erde aushöhlt, weiß ich nicht. Dieser ganze Vorgang spielt sich in mir ab. Und er kann sich in mir nur so abspielen, wie es ihm die Gesetze meines eigenen geistigen Organismus vorschreiben. Die Einrichtung meines Geistes fordert, daß jede Wirkung eine Ursache habe und daß zweimal zwei vier sei. Und gemäß dieser Einrichtung baut sich der Geist eine Welt auf. Möge nun die außer uns liegende Welt wie immer gebaut sein, möge sie sogar heute in keinem Zuge der gestrigen gleichen; uns kann das nicht berühren, denn unser Geist schafft sich eine eigene Welt nach *seinen* Gesetzen. So lange der menschliche Geist derselbe ist, wird er bei Erzeugung seiner Welt auch in gleicher Weise verfahren. Mathematik und Naturwissenschaft enthalten nicht Gesetze der Außenwelt, sondern diejenigen unseres geistigen Organismus. Deshalb brauchen wir nur diesen zu erforschen, wenn wir das unbedingt Wahre kennen lernen wollen. „Der Verstand schöpft seine Gesetze nicht aus der Natur, sondern schreibt sie dieser vor". In diesem Satze faßt Kant seine Überzeugung zusammen. Der Geist erzeugt aber seine Innenwelt nicht ohne Anstoß oder Eindruck von außen. Wenn ich eine rote Farbe empfinde, so ist das „Rot" allerdings ein Zustand, ein Vorgang in mir; aber ich muß eine Veranlassung haben, daß ich „rot" empfinde. Es giebt also „Dinge an sich". Wir wissen jedoch von ihnen nichts, als daß es sie giebt. Alles, was wir beobachten, sind Dinge in uns. Kant hat also, um die Gewißheit der mathematischen und naturwissenschaftlichen Wahrheiten zu retten, die ganze Beobachtungswelt in den menschlichen Geist hineingenommen. Damit hat er aber auch allerdings dem Erkenntnisvermögen unübersteigliche Grenzen gesetzt. Denn alles, was wir erkennen können, bezieht sich nicht auf Dinge außer uns, sondern auf Vorgänge in uns, auf Erscheinungen, wie er sich ausdrückt. Nun können aber die Gegenstände der höchsten Vernunftsfragen: Gott Freiheit und Unsterblichkeit niemals in die Erscheinung treten. Wir sehen Dinge in uns; ob die außer uns von einem göttlichen Wesen herrühren, können wir nicht wissen. Wir können unsere eigenen Seelenzustände wahrnehmen. Aber auch diese sind nur Erscheinungen. Ob hinter ihnen eine freie, unsterbliche Seele waltet, bleibt unserer Erkenntnis verborgen. Über diese „Dinge an sich" sagt unsere Erkenntnis gar nichts aus. Sie bestimmt nichts darüber, ob die Ideen von ihnen wahr oder falsch sind. Wenn wir nun von einer andern Seite her über diese Dinge etwas vernehmen, so liegt nichts im Wege, ihre Existenz anzunehmen. Nur wissen können wir nichts über sie. Es giebt nun einen Zugang zu diesen höchsten Wahrheiten. Und das ist die Stimme der Pflicht, die in uns laut und deutlich spricht: Du sollst dies und das thun. Dieser „kategorische Imperativ" legt uns eine Verbindlichkeit auf, der wir uns nicht entziehen können. Aber wie wären wir imstande, einer solchen Verbindlichkeit nachzukommen, wenn wir nicht einen freien Willen hätten? Wir können die Beschaffenheit unserer Seele zwar nicht erkennen, aber wir müssen glauben, daß sie frei ist, damit sie ihrer inneren Stimme der Pflicht nachkommen könne. Wir haben somit über die Freiheit keine Erkenntnisgewißheit wie über die Gegenstände der Mathematik und der Naturwissenschaft; aber wir haben dafür eine moralische Gewißheit. Die Befolgung des kategorischen Imperativs führt zur Tugend. Durch die Tugend allein kann der Mensch seine Bestimmung erreichen. Er wird der Glückseligkeit würdig. Er muß also die Glückseligkeit auch erreichen können. Denn sonst wäre seine Tugend ohne Sinn und Bedeutung. Damit aber sich an die Tugend die Glückseligkeit knüpfe, muß ein Wesen da sein, das diese Glückseligkeit zur Folge der Tugend macht. Das kann nur ein intelligentes, den höchsten Wert der Dinge bestimmendes Wesen, Gott, sein. Durch das Vorhandensein der Tugend wird uns deren Wirkung, die Glückseligkeit, verbürgt und durch diese wieder das Dasein Gottes. Und weil ein sinnliches Wesen, wie es der Mensch ist, die vollendete Glückseligkeit nicht in dieser unvollkommenen Welt erreichen kann, so muß sein Dasein über dies Sinnendasein hinausreichen, das heißt, die Seele muß unsterblich sein. Worüber wir also nichts wissen können: das zaubert Kant aus dem moralischen Glauben an die Stimme der Pflicht hervor. Die Hochachtung vor dem Pflichtgefühl war das, was ihm eine wirkliche Welt wieder aufrichtete, als unter Humes Einfluß die Beobachtungswelt zur bloßen Innenwelt herabsank. In schönen Worten kommt in seiner „Kritik der praktischen Vernunft" diese Hochachtung zum Ausdruck: „Pflicht! du erhabener, großer Name, der du nichts Beliebtes, was Einschmeichelung bei sich führt, in dir fassest, sondern Unterwerfung verlangst", der du „ein Gesetz aufstellst . . . vor dem alle Neigungen verstummen, wenn sie gleich im Geheimen ihm entgegenwirken . . . ." Daß die höchsten Wahrheiten keine Erkenntniswahrheiten, sondern moralische seien, das hielt Kant für seine Entdeckung. Auf Einsichten in eine übersinnliche Welt muß der Mensch verzichten; aus seiner moralischen Natur entspringt ihm Ersatz für die Erkenntnis. Kein Wunder, daß Kant in der unbedingten rückhaltlosen Hingabe an die Pflicht die höchste Forderung an den Menschen sieht. Eröffnete ihm die Pflicht nicht einen Ausblick aus der Sinnenwelt hinaus; er wäre sein ganzes Leben hindurch in diese eingeschlossen. Was also auch die Sinnenwelt verlangt: es muß zurücktreten hinter den Anforderungen der Pflicht. Und die Sinnenwelt kann aus sich selbst heraus nicht mit der Pflicht übereinstimmen. Sie will das Angenehme, die Lust. Ihnen muß die Pflicht entgegentreten, damit der Mensch seine Bestimmung erfülle. Was der Mensch aus Lust vollbringt, ist nicht tugendhaft; nur was er in der selbstlosen Hingabe an die Pflicht vollführt. Unterwerfe deine Begierden der Pflicht: das ist die strenge Aufgabe der Kantschen Sittenlehre. Wolle nichts, was dich in deiner Selbstsucht befriedigt, sondern handle so, daß die Grundsätze deines Handelns die aller Menschen werden können. In der Hingabe an das Sittengesetz erreicht der Mensch seine Vollkommenheit. Der Glaube, daß dieses Sittengesetz in erhabener Höhe über allem andern Weltgeschehen schwebt und durch ein göttliches Wesen in der Welt verwirklicht wird, das ist, nach Kants Meinung, wahre Religion. Sie entspringt aus der Moral. Der Mensch soll nicht gut sein, weil er an einen Gott glaubt, der das Gute will; er soll gut einzig und allein aus Pflichtgefühl sein; aber er soll an Gott glauben, weil Pflicht ohne Gott sinnlos ist. Das ist „Religion innerhalb der Grenzen der bloßen Vernunft“ wie Kant sein Buch über religiöse Weltanschauung nannte.

Die selbstlose Hingabe an die Stimme des Geistes hat Kant zur Grundlage der Moral gemacht. Auf dem Gebiete des tugendhaften Handelns verträgt sich eine solche Hingabe nicht mit derjenigen an die Sinnenwelt. Es giebt aber ein Feld, auf dem das Sinnliche so erhöht ist, daß es wie ein unmittelbarer Ausdruck des Geistigen erscheint.

Dies ist das Gebiet des Schönen und der Kunst. Im alltäglichen Leben verlangen wir das Sinnliche, weil es unser Begehren, unser selbstsüchtiges Interesse erregt. Wir tragen Verlangen nach dem, was uns Lust macht. Wir können aber auch ein selbstloses Interesse an einem Gegenstande haben. Wir können bewundernd vor ihm stehen, voll von seliger Lust, und diese Lust kann ganz unabhängig von dem Besitz der Sache sein. Ob ich ein schönes Haus, an dem ich vorübergehe, auch besitzen möchte, das hat mit dem selbstlosen Interesse an seiner Schönheit nichts zu thun. Wenn ich alles Begehren aus meinem Gefühle ausscheide, so bleibt noch etwas zurück, eine Lust, die sich rein an das schöne Kunstwerk knüpft. Eine solche Lust ist eine ästhetische. Das Schöne unterscheidet sich von dem Angenehmen und dem Guten. Das Angenehme erregt mein Interesse, weil es meine Begierde erweckt; das Gute interessiert mich, weil es durch mich verwirklicht werden soll. Dem Schönen stehe ich ohne irgend ein solches Interesse, das mit meiner Person zusammenhängt, gegenüber. Wodurch kann das Schöne mein selbstloses Wohlgefallen an sich ziehen? Mir kann ein Ding nur gefallen, wenn es seine Bestimmung erfüllt, wenn es so beschaffen ist, daß es einem Zwecke dient. Ich muß also an dem Schönen einen Zweck wahrnehmen. Die Zweckmäßigkeit gefällt; die Zweckwidrigkeit mißfällt. Da ich aber an der Wirklichkeit des schönen Gegenstandes kein Interesse habe, sondern die bloße Anschauung desselben mich befriedigt, so braucht das Schöne auch nicht wirklich einem Zwecke zu dienen. Der Zweck ist mir gleichgültig, nur die Zweckmäßigkeit verlange ich. Deshalb nennt Kant „schön“ dasjenige, woran wir Zweckmäßigkeit wahrnehmen, ohne daß wir dabei an einen bestimmten Zweck denken.

Es ist nicht nur eine Erklärung, es ist auch eine Rechtfertigung der Kunst, die Kant damit gegeben hat. Man sieht das am besten, wenn man sich vergegenwärtigt, wie er sich mit seinem Gefühle zu seiner Weltanschauung stellte. Er drückt das in tiefen schönen Worten aus: „Zwei Dinge erfüllen das Gemüt mit immer neuer und stets zunehmender Bewunderung und Ehrfurcht: der gestirnte Himmel über mir und das moralische Gesetz in mir. Der erste Anblick einer zahllosen Weltenmenge vernichtet gleichsam meine Wichtigkeit, als eines animalischen Geschöpfes, das die Materie, aus der es ward, dem Planeten, einem bloßen Punkt im Weltall, wieder zurückgeben muß, nachdem es eine kurze Zeit (man weiß nicht wie) mit Lebenskraft versehen war. Der zweite erhebt dagegen meinen Wert, als einer Intelligenz, unendlich durch meine (selbstbewußte und freie) Persönlichkeit, in welcher das moralische Gesetz mir ein von der Tierheit und selbst von der ganzen Sinnenwelt unabhängiges Leben offenbart, wenigstens so viel sich aus der zweckmäßigen Bestimmung meines Daseins durch dieses Gesetz abnehmen läßt, welche nicht auf die Bedingungen und Grenzen dieses Lebens eingeschränkt ist, sondern ins Unendliche geht." Der Künstler pflanzt nun diese zweckmäßige Bestimmung, die in Wirklichkeit nur im moralischen Weltreiche waltet, der Sinnenwelt ein. Dadurch steht das Kunstwerk zwischen dem Gebiet der Beobachtungswelt, in der die ewigen ehernen Gesetze der Notwendigkeit herrschen, die der menschliche Geist erst selbst in sie hineingelegt hat, und dem Reiche der freien Sittlichkeit, in der Pflichtgebote als Ausfluß einer weisen göttlichen Weltordnung Richtung und Ziel angeben. Zwischen beide Reiche hinein tritt der Künstler mit seinen Werken. Er entnimmt dem Reich des Wirklichen seinen Stoff; aber er prägt diesen Stoff zugleich so um, daß er der Träger einer zweckmäßigen Harmonie ist, wie sie im Reiche der Freiheit angetroffen wird. Der menschliche Geist fühlt sich also unbefriedigt mit den bloßen Reichen der Wirklichkeit, das Kant mit dem gestirnten Himmel und der zahllosen Weltenmenge meint, und dem der moralischen Gesetzmäßigkeit. Er schafft sich deshalb ein schönes Reich des Scheines, das starre Naturnotwendigkeit mit freier Zweckmäßigkeit verbindet. Nun findet man das Schöne nicht nur in menschlichen Kunstwerken, sondern auch in der Natur. Es giebt ein Naturschönes neben dem Kunstschönen. Dieses Naturschöne ist ohne menschliches Zuthun da. Es scheint also, als wenn in der Wirklichkeit doch nicht bloß die starre, gesetzmäßige Notwendigkeit, sondern eine freie weise Thätigkeit zu beobachten wäre. Das Schöne zwingt aber zu einer solchen Anschauung doch nicht. Denn es bietet ja die Zweckmäßigkeit, ohne daß man an einen wirklichen Zweck zu denken hätte. Und es bietet nicht bloß Zweckmäßig-Schönes, sondern auch Zweckmäßig-Häßliches. Man kann also annehmen, daß unter der Fülle der Naturerscheinungen, die nach notwendigen Gesetzen zusammenhängen wie durch Zufall auch solche sind, in denen der menschliche Geist eine Analogie mit seinen eigenen Kunstwerken wahrnimmt. Da an einen wirklichen Zweck nicht gedacht zu werden braucht, so genügt eine solche gleichsam zufällig vorhandene Zweckmäßigkeit für die ästhetische Naturbetrachtung.

Anders wird die Sache allerdings, wenn wir Wesen in der Natur antreffen, die den Zweck nicht bloß zufällig, sondern wirklich in sich tragen. Und auch solche giebt es, nach Kants Meinung. Es sind die organischen Wesen. Zu ihrer Erklärung reichen die notwendigen, gesetzmäßigen Zusammenhänge, in denen sich Spinozas Weltanschauung erschöpft und die Kant als diejenigen des menschlichen Geistes ansieht, nicht aus. Denn ein „Organismus ist ein Naturprodukt, in welchem alles Zweck und wechselseitig auch Mittel, Ursache und wechselseitig auch Wirkung ist". Der Organismus kann also nicht so wie die unorganische Natur durch ewige, eherne Gesetze erklärt werden. Deshalb meint Kant, der in seiner „Allgemeinen Naturgeschichte und Theorie des Himmels" selbst den Versuch unternommen hat, die „Verfassung und den mechanischen Ursprung des ganzen Weltgebäudes nach Newtonschen Grundsätzen abzuhandeln", daß ein gleicher Versuch für die organischen Wesen mißlingen müsse. In seiner „Kritik der Urteilskraft" behauptet er: „Es ist nämlich ganz gewiß, daß wir die organisierten Wesen und deren innere Möglichkeit nach bloß mechanischen Prinzipien der Natur nicht einmal zureichend kennen lernen, viel weniger uns erklären können; und zwar so gewiß, daß man dreist sagen kann, es ist für den Menschen ungereimt, auch nur einen solchen Anschlag zu fassen, oder zu hoffen, daß noch etwa dereinst ein Newton aufstehen könne, der auch nur die Erzeugung eines Grashalms nach Naturgesetzen, die keine Absicht geordnet hat, begreiflich machen werde; sondern man muß diese Einsicht dem Menschen schlechthin absprechen." Mit der Kantschen Ansicht, daß der menschliche Geist die Gesetze, die er in der Natur vorfindet, selbst erst in sie hineinlege, läßt sich auch eine andere Meinung über ein zweckmäßig gestaltetes Wesen nicht vereinigen. Denn der Zweck deutet auf denjenigen hin, der ihn in die Wesen gelegt hat, auf den intelligenten Welturheber. Könnte der menschliche Geist ein zweckmäßiges Wesen ebenso erklären, wie ein bloß naturnotwendiges, dann müßte er auch die Zweckgesetze aus sich heraus in die Dinge hineinlegen. Er müßte also den Dingen nicht bloß Gesetze geben, die für sie gelten, insoweit sie seine Innenwelt bedeuten; er müßte ihnen auch ihre eigene, von ihm gänzlich unabhängige Bestimmung vorschreiben können. Er müßte also nicht nur ein erkennender, sondern ein schaffender Geist sein; seine Vernunft müßte wie die göttliche die Dinge schaffen.

Wer die Struktur der Kantschen Weltauffassung, wie sie hier skizziert worden ist, sich vergegenwärtigt, wird die Wirkung derselben auf die Zeitgenossen und auch auf die Nachwelt begreiflich finden. Denn sie tastet keine der Vorstellungen, die sich im Laufe der abendländischen Kulturentwickelung dem menschlichen Gemüte eingeprägt haben, an. Sie läßt dem religiösen Geiste: Gott, Freiheit und Unsterblichkeit. Sie befriedigt das Erkenntnisbedürfnis, indem sie ihm ein Gebiet abgrenzt, innerhalb dessen es unbedingt gewisse Wahrheiten giebt. Ja, sie läßt sogar die Meinung gelten, daß die menschliche Vernunft ein Recht habe, sich zur Erklärung lebendiger Wesen nicht bloß der ewigen, ehernen Naturgesetze, sondern des Zweckbegriffs zu bedienen, der auf eine absichtliche Ordnung im Weltwesen deutet.

Aber um welchen Preis hat Kant alles dieses erreicht! Er hat die ganze Natur in den menschlichen Geist hineinversetzt und ihre Gesetze zu solchen dieses Geistes selbst gemacht. Er hat die höhere Weltordnung ganz aus der Natur verwiesen und sie auf eine rein moralische Grundlage gestellt. Er hat zwischen das unorganische und das organische Reich eine scharfe Grenzlinie gesetzt; und jenes nach rein mechanischen, streng notwendigen Gesetzen, dieses nach zweckvollen Ideen erklärt. Endlich hat er das Reich des Schönen und der Kunst völlig aus seinem Zusammenhange mit der übrigen Wirklichkeit herausgerissen. Denn die Zweckmäßigkeit, die im Schönen beobachtet wird, hat mit wirklichen Zwecken nichts zu thun. Wie ein schöner Gegenstand in den Weltzusammenhang hineinkommt, das ist gleichgültig; es genügt, daß er in uns die Vorstellung des Zweckmäßigen erregt und dadurch unser Wohlgefallen erregt.

* * *

Den Gegensatz zu dieser Kantschen Auffassung der Welt bildete in allen wesentlichen Dingen die Goethesche. Ungefähr um dieselbe Zeit, als Kant seine „Kritik der reinen Vernunft“ erscheinen ließ, legte Goethe sein Glaubensbekenntnis in einem Hymnus in Prosa „die Natur“ nieder, in dem er den Menschen ganz in die Natur hineinstellte, und sie, die unabhängig von ihm waltende, zu ihrer eigenen und seiner Gesetzgeberin zugleich machte. Kant nahm die ganze Natur in den menschlichen Geist herein, Goethe sah alles Menschliche als ein Glied dieser Natur an; er fügte den menschlichen Geist der natürlichen Weltordnung ein. „Natur! Wir sind von ihr umgeben und umschlungen — unvermögend, aus ihr herauszutreten, und unvermögend, tiefer in sie hineinzukommen. Ungebeten und ungewarnt nimmt sie uns in den Kreislauf ihres Tanzes auf und treibt sich mit uns fort, bis wir ermüdet sind und ihrem Arme entfallen. . Die Menschen sind alle in ihr, und sie in allen . . . . Auch das Unnatürlichste ist Natur, auch die plumpeste Philisterei hat etwas von ihrem Genie . . . Man gehorcht ihren Gesetzen, auch wenn man ihnen widerstrebt; man wirkt mit ihr, auch wenn man gegen sie wirken will . . . Sie ist alles. Sie belohnt sich selbst und bestraft sich selbst, erfreut und quält sich selbst . . Sie hat mich hereingestellt, sie wird mich auch herausführen. Ich vertraue mich ihr. Sie mag mit mir schalten; sie wird ihr Werk nicht hassen. Ich sprach nicht von ihr; nein, was wahr ist und was falsch ist, alles hat sie gesprochen. Alles ist ihre Schuld, alles ist ihr Verdienst." Das ist der Gegenpol der Kantschen Weltanschauung. Bei Kant ist die Natur ganz Geist; bei Goethe ist der Geist ganz Natur. Es ist demnach nur zu verständlich, wenn Goethe in dem Aufsatze „Einwirkung der neueren Philosophie" erzählt: „Kants Kritik der reinen Vernunft . . . lag völlig außerhalb meines Kreises. Ich wohnte jedoch manchem Gespräch darüber bei, und mit einiger Aufmerksamkeit konnte ich bemerken, daß die alte Hauptfrage sich erneuere, wie viel unser Selbst und wie viel die Außenwelt zu unserm geistigen Dasein beitrage? Ich habe beide niemals gesondert, und wenn ich nach meiner Weise über Gegenstände philosophierte, so that ich es mit unbewußter Naivetät und glaubte wirklich, ich sähe meine Meinungen vor Augen." In dieser Auffassung der Stellung Goethes zu Kant braucht uns auch nicht zu beirren, daß der erstere manches günstige Urteil über den Königsberger Philosophen abgegeben hat. Denn ihm selbst wäre dieser Gegensatz nur dann ganz klar geworden, wenn er sich auf ein genaues Studium Kants eingelassen hätte. Das hat er aber nicht. In dem oben genannten Aufsatz sagt er: „Der Eingang war es, der mir gefiel; ins Labyrinth selbst konnte ich mich nicht wagen; bald hinderte mich die Dichtungsgabe, bald der Menschenverstand, und ich fühlte mich nirgends gebessert." Scharf aber hat er doch einmal den Gegensatz ausgesprochen in einer Aufzeichnung, die erst durch die Weimarische Goethe-Ausgabe aus dem Nachlaß veröffentlicht worden ist (Weimarische Ausgabe, 2. Abteilung. Band XI S. 377): Der Grundirrtum Kants, meint Goethe, bestünde darin, daß dieser

„das subjektive Erkenntnisvermögen selbst als Objekt betrachtet und den Punkt, wo subjektiv und objektiv zusammentreffen, zwar scharf aber nicht ganz richtig sondert". Goethe ist eben der Ansicht, daß in dem subjektiven menschlichen Erkenntnisvermögen nicht bloß der Geist als solcher sich ausspricht, sondern daß die Natur es selbst ist, die sich in dem Menschen ein Organ geschaffen hat, durch das sie ihre Geheimnisse offenbar werden läßt. Es spricht gar nicht der Mensch über die Natur; sondern die Natur spricht im Menschen über sich selbst. Das ist Goethes Überzeugung. So konnte Goethe sagen: Sobald der Streit über die Weltansicht Kants „zur Sprache kam, mochte ich mich gern auf diejenige Seite stellen, welche dem Menschen am meisten Ehre macht, und gab allen Freunden vollkommen Beifall, die mit Kant behaupteten, wenngleich alle unsere Erkenntnis mit der Erfahrung angehe, so entspringe sie darum doch nicht eben alle aus der Erfahrung." Denn Goethe glaubte, daß die ewigen Gesetze, nach denen die Natur verfährt, im menschlichen Geiste offenbar werden; aber für ihn waren sie deshalb doch nicht die subjektiven Gesetze dieses Geistes, sondern die objektiven der Naturordnung selbst. Deshalb konnte er auch Schiller nicht beistimmen, als dieser, unter Kants Einfluß, eine schroffe Scheidewand zwischen dem Reiche der Naturnotwendigkeit und dem der Freiheit aufrichtete. Er spricht sich darüber aus in dem Aufsatz: „Bekanntschaft mit Schiller": „Die Kantische Philosophie, welche das Subjekt so hoch erhebt, indem sie es einzuengen scheint, hatte er mit Freuden in sich aufgenommen; sie entwickelte das Außerordentliche, was die Natur in sein Wesen gelegt, und er, im höchsten Gefühl der Freiheit und Selbstbestimmung, war undankbar gegen die große Mutter, die ihn gewiß nicht stiefmütterlich behandelte. Anstatt sie als selbständig, lebendig, vom Tiefsten bis zum Höchsten gesetzlich hervorbringend zu betrachten, nahm er sie von Seite einiger empirischen menschlichen Natürlichkeiten." Und in dem Aufsatz: „Einwirkung der neueren Philosophie" deutet er den Gegensatz zu Schiller mit den Worten an: „Er predigte das Evangelium der Freiheit, ich wollte die Rechte der Natur nicht verkürzt wissen.“ In Schiller steckte eben etwas von Kantischer Vorstellungsart; für Goethe ist es aber richtig, was er im Hinblick auf Gespräche sagt, die er mit Kantianern geführt hat: „Sie hörten mich wohl, konnten mir aber nichts erwidern, noch irgend förderlich sein. Mehr als einmal begegnete es mir, daß einer oder der andere mit lächelnder Verwunderung zugestand: es sei freilich ein Analogon Kantscher Vorstellungsart, aber ein seltsames.“

In der Kunst und dem Schönen sah Goethe nicht ein aus dem wirklichen Zusammenhange herausgerissenes Reich, sondern eine höhere Stufe der natürlichen Gesetzmäßigkeit. Beim Anblicke von künstlerischen Schöpfungen, die ihn besonders interessieren, schreibt er während seiner italienischen Reise die Worte nieder: „Die hohen Kunstwerke sind zugleich als die höchsten Naturwerke von Menschen nach wahren und natürlichen Gesetzen hervorgebracht worden. Alles Willkürliche, Eingebildete fällt zusammen; da ist Notwendigkeit, da ist Gott.“ Wenn der Künstler im Sinne der Griechen verfährt, nämlich „nach den Gesetzen, nach welchen die Natur selbst verfährt“, dann liegt in seinen Werken das Göttliche, das in der Natur selbst zu finden ist. Für Goethe ist die Kunst „eine Manifestation geheimer Naturgesetze“; was der Künstler schafft, sind Naturwerke auf einer höheren Stufe der Vollkommenheit. Kunst ist Fortsetzung und menschlicher Abschluß der Natur, denn „indem der Mensch auf den Gipfel der Natur gestellt ist, so sieht er sich wieder als eine ganze Natur an, die in sich abermals einen Gipfel hervorzubringen hat. Dazu steigert er sich, indem er sich mit allen Vollkommenheiten und Tugenden durchdringt, Wahl, Ordnung, Harmonie und Bedeutung aufruft und sich endlich bis zur Produktion des Kunstwerks erhebt“. Alles ist Natur, vom unorganischen Stein bis zu den höchsten Kunstwerken des Menschen und alles in dieser Natur ist von den gleichen „ewigen, notwendigen, dergestalt göttlichen Gesetzen“ beherrscht, daß „die

Gottheit selbst daran nichts ändern könnte". (Dichtung und Wahrheit. 16. Buch.)

Als Goethe im Jahre 1811 Jacobis Buch „von den göttlichen Dingen" las, machte es ihm „nicht wohl; wie konnte mir das Buch eines so herzlich geliebten Freundes willkommen sein, worin ich die These durchgeführt sehen sollte, die Natur verberge Gott! Mußte, bei meiner reinen, tiefen, angeborenen und geübten Anschauungsweise, die mich Gott in der Natur, die Natur in Gott zu sehen unverbrüchlich gelehrt hatte, so daß diese Vorstellungsart den Grund meiner ganzen Existenz machte, mußte nicht ein so seltsamer, einseitig beschränkter Ausspruch mich dem Geiste nach von dem edelsten Manne, dessen Herz ich verehrend liebte, für ewig entfernen? Doch ich hing meinem schmerzlichen Verdrusse nicht nach, ich rettete mich vielmehr zu meinem alten Asyl, und fand in Spinozas Ethik auf mehrere Wochen meine tägliche Unterhaltung, und da sich indes meine Bildung gesteigert hatte, ward ich im schon Bekannten gar manches, das sich neu und anders hervorthut, auch ganz eigen frisch auf mich einwirkte, zu meiner Verwunderung gewahr."

Das Reich der Notwendigkeit im Sinne Spinozas ist für Kant ein Reich innerer menschlicher Gesetzmäßigkeit; für Goethe ist es das Universum selbst, und der Mensch mit all seinem Denken, Fühlen, Wollen und Thun ist ein Glied innerhalb dieser Kette von Notwendigkeiten. Innerhalb dieses Reiches giebt es nur eine natürliche, nicht aber eine moralische Gesetzmäßigkeit. „Es leuchtet die Sonne über Bös' und Gute; und dem Verbrecher glänzen, wie dem Besten, der Mond und die Sterne". Aus einer Wurzel, aus den ewigen Triebkräften der Natur läßt Goethe alles entspringen: die unorganischen, die organischen Wesenheiten, den Menschen mit allen Ergebnissen seines Geistes: seiner Erkenntnis, seiner Sittlichkeit, seiner Kunst.

„Was wär' ein Gott, der nur von außen stieße,
Im Kreis das All am Finger laufen ließe!

Ihm ziemt's, die Welt im Innern zu bewegen,
Natur in sich, sich in Natur zu hegen,
So daß, was in ihm lebt und webt und ist,
Nie seine Kraft, nie seinen Geist vermißt."

In solche Worte faßt Goethe sein Bekenntnis zusammen. Gegen Haller, der das Wort gesprochen hat „Ins Innere der Natur dringt kein erschaffener Geist", wendet sich Goethe mit den schärfsten Worten:

„Ins Innere der Natur —"
O, du Philister! —
„Dringt kein erschaffner Geist."
Mich und Geschwister
Mögt ihr an solches Wort
Nur nicht erinnern;
Wir denken: Ort für Ort
Sind wir im Innern.
„Glückselig, wem sie nur
Die äuß're Schale weis't"
Das hör ich sechzig Jahre wiederholen,
Und fluche drauf, aber verstohlen;
Sage mir tausend tausendmale:
Alles giebt sie reichlich und gern;
Natur hat weder Kern
Noch Schale,
Alles ist sie mit einemmale;
Dich prüfe du nur allermeist,
Ob du Kern oder Schale seist."

Im Sinne dieser seiner Weltanschauung konnte Goethe auch den Unterschied zwischen anorganischer und organischer Natur nicht anerkennen, den Kant in seiner „Kritik der Urteilskraft" festgestellt hatte. Sein Streben ging dahin, die belebten Organismen nach Gesetzen zu erklären, wie auch die leblose Natur erklärt wird. Der tonangebende Botaniker der damaligen Zeit, Linné, hat über die mannigfaltigen Arten in der Pflanzenwelt nichts anderes zu sagen gewußt, als es gebe solcher Arten so viele, als „verschiedene Formen im Prinzip geschaffen worden sind". Wer eine solche Meinung hat, der kann sich nur bemühen, die Eigenschaften der einzelnen Formen zu studieren, und diese sorgfältig von einander zu unterscheiden. Goethe konnte sich mit einer solchen Naturbetrachtung nicht einverstanden erklären. „Das, was Linné mit Gewalt auseinander zu halten suchte, mußte, nach dem innersten Bedürfnis meines Wesens, zur Vereinigung anstreben." Er suchte dasjenige auf, was allen Pflanzenarten gemeinsam ist. Auf seiner Reise in Italien wird ihm dieses gemeinsame Urbild in allen Pflanzenformen immer klarer: „Die vielen Pflanzen, die ich sonst nur in Kübeln und Töpfen, ja die größte Zeit des Jahres nur hinter Glasfenstern zu sehen gewohnt war, stehen hier froh und frisch unter freiem Himmel, und indem sie ihre Bestimmung erfüllen, werden sie uns deutlicher. Im Angesicht so vielerlei neuen und erneuten Gebildes, fiel mir die alte Grille wieder ein, ob ich nicht unter dieser Schar die Urpflanze entdecken könnte? Eine solche muß es denn doch geben: woran würde ich sonst erkennen, daß dieses oder jenes Gebilde eine Pflanze sei, wenn sie nicht alle nach einem Muster gebildet wären?" Ein anderes Mal drückt er sich über diese Urpflanze aus: Sie „wird das wunderlichste Geschöpf von der Welt, um welches mich die Natur selbst beneiden soll. Mit diesem Modell und dem Schlüssel dazu kann man alsdann noch Pflanzen ins Unendliche erfinden, die konsequent sein müssen, das heißt, die, wenn sie auch nicht existieren, doch existieren könnten, und nicht etwa malerische oder dichterische Schatten und Schemen sind, sondern eine innerliche Wahrheit und Notwendigkeit haben". Wie Kant in seiner „Naturgeschichte und Theorie des Himmels" ausruft „Gebt mir Materie; ich will euch eine Welt daraus bauen", weil er den gesetzmäßigen Zusammenhang dieser Welt einsieht, so sagt hier Goethe: mit Hilfe der Urpflanze könne man existenzfähige Pflanzen ins Unendliche erfinden, weil man das Gesetz der Entstehung und des Werdens derselben inne hat. Was Kant nur von der unorganischen Natur gelten lassen wollte, daß man ihre Erscheinungen nach notwendigen Gesetzen begreifen kann, das dehnte Goethe auch auf die Welt der Organismen aus. Er fügt in dem Briefe, in dem er Herder seine Entdeckung der Urpflanze mitteilt, hinzu: „Dasselbe Gesetz wird sich auf alles übrige Lebendige anwenden lassen". Und Goethe hat es auch angewendet. Seine emsigen Studien über die Tierwelt brachten ihn 1795 dazu, „ungescheut behaupten zu dürfen, daß alle vollkommenen organischen Naturen, worunter wir Fische, Amphibien, Vögel, Säugetiere und an der Spitze der letzteren den Menschen sehen, alle nach einem Urbilde geformt seien, das nur in seinen beständigen Teilen mehr oder weniger hin- und herneigt, und sich noch täglich durch Fortpflanzung aus- und umbildet." Goethe steht also auch in der Naturauffassung im vollsten Gegensatz zu Kant. Dieser nannte es ein gewagtes „Abenteuer der Vernunft", wenn diese es unternehmen wollte, das Lebendige seiner Entstehung nach zu erklären. Er hält das menschliche Erkenntnisvermögen zu einer solchen Erklärung für ungeeignet. „Es liegt der Vernunft unendlich viel daran, den Mechanismus der Natur in ihren Erzeugungen nicht fallen zu lassen und in der Erklärung derselben nicht vorbei zu gehen; weil ohne diesen keine Einsicht in die Natur der Dinge erlangt werden kann. Wenn man uns gleich einräumt: daß ein höchster Architekt die Formen der Natur, so wie sie von jeher da sind, unmittelbar geschaffen, oder die, so sich in ihrem Laufe kontinuierlich nach eben demselben Muster bilden, prädeterminiert habe, so ist doch dadurch unsere Erkenntnis der Natur nicht im mindesten gefördert; weil wir jenes Wesens Handlungsart und die Ideen desselben, welche die Prinzipien der Möglichkeit der Naturwesen enthalten sollen, gar nicht kennen, und von demselben als von oben herab die Natur nicht erklären können". Auf solche Kantische Ausführungen erwidert Goethe: „Wenn wir ja im Sittlichen, durch Glauben an Gott, Tugend und Unsterblichkeit uns in eine obere Region erheben und an das erste Wesen annähern sollen: so dürft es wohl im

Intellektuellen derselbe Fall sein, daß wir uns, durch das Anschauen einer immer schaffenden Natur, zur geistigen Teilnahme an ihren Produktionen würdig machten. Hatte ich doch erst unbewußt und aus innerem Trieb auf jenes Urbildliche, Typische rastlos gedrungen, war es mir sogar geglückt, eine naturgemäße Darstellung aufzubauen, so konnte mich nunmehr nichts weiter verhindern, das Abenteuer der Vernunft, wie es der Alte vom Königsberge selbst nennt, mutig zu bestehen."

Von der „Kritik der Urteilskraft" sagt Goethe, daß er ihr „eine höchst frohe Lebensepoche schuldig" sei. „Die großen Hauptgedanken des Werks waren meinem bisherigen Schaffen, Thun und Denken ganz analog. Das innere Leben der Kunst wie der Natur, ihr beiderseitiges Wirken von innen heraus, war in dem Buche deutlich ausgesprochen". Auch dieser Ausspruch Goethes kann über seinen Gegensatz zu Kant nicht hinwegtäuschen. Denn in dem Aufsatz, dem er entnommen ist, heißt es zugleich: „Leidenschaftlich angeregt, ging ich auf meinen Wegen nur desto rascher fort, weil ich selbst nicht wußte, wohin sie führten, und für das, was und wie ich mir's zugeeignet hatte, bei den Kantianern wenig Anklang fand. Denn ich sprach aus, was in mir aufgeregt war, nicht aber was ich gelesen hatte."

Eine streng einheitliche Weltanschauung ist Goethe eigen; er will einen Gesichtspunkt gewinnen, von dem aus das ganze Universum seine Gesetzmäßigkeit offenbart, „vom Ziegelstein, der dem Dach entstürzt, bis zum leuchtenden Geistesblitz, der dir aufgeht und den du mitteilst". Denn „alle Wirkungen, von welcher Art sie seien, die wir in der Erfahrung bemerken, hängen auf die stetigste Weise zusammen, gehen in einander über". „Ein Ziegelstein löst sich vom Dache los: wir nennen dies im gemeinen Sinne zufällig; er trifft die Schultern eines Vorübergehenden, doch wohl mechanisch; allein nicht ganz mechanisch, er folgt den Gesetzen der Schwere, und so wirkt er physisch. Die zerrissenen Lebensgefäße geben sogleich ihre Funktion auf; im Augenblick wirken die Säfte chemisch, die elementaren Eigenschaften treten hervor. Allein das gestörte organische Leben widersetzt sich eben so schnell und sucht sich herzustellen; indessen ist das menschliche Ganze mehr oder weniger bewußtlos und psychisch zerrüttet. Die sich wiedererkennende Person fühlt sich ethisch im tiefsten verletzt; sie beklagt ihre gestörte Thätigkeit, von welcher Art sie auch sei, aber ungern ergäbe der Mensch sich in Geduld. Religiös hingegen wird ihm leicht, iesen Fall einer höheren Schickung zuzuschreiben, ihn als Bewahrung vor größerem Übel, als Einleitung zu höherem Guten anzusehen. Dies reicht hin für den Leidenden; aber der Genesende erhebt sich genial, vertraut Gott und sich selbst und fühlt sich gerettet, ergreift auch wohl das Zufällige, wendet's zu seinem Vorteil, um einen ewig frischen Lebenskreis zu beginnen." So erläutert Goethe an dem Beispiel eines fallenden Ziegelsteins den Zusammenhang aller Arten von Naturwirkungen; eine Erklärung in seinem Sinne wäre es, wenn man auch ihren streng gesetzmäßigen Zusammenhang aus einer Wurzel herleiten könnte.

Wie zwei geistige Antipoden stehen Kant und Goethe am Anfang der Weltanschauungsentwickelung dieses Jahrhunderts. Und grundverschieden war die Art, wie sich diejenigen zu ihnen stellten, die sich für höchste Fragen interessierten. Kant hat seine Weltanschauung mit allen Mitteln einer strengen Schulphilosophie aufgebaut; Goethe hat naiv, sich seiner gesunden Natur überlassend, philosophiert. Deshalb glaubte Fichte, wie oben erwähnt, sich an Goethe nur „als den Repräsentanten der reinsten Geistigkeit des Gefühls auf der gegenwärtig errungenen Stufe der Humanität" wenden zu können, während er von Kant der Ansicht ist, daß „kein menschlicher Verstand weiter als bis zu der Grenze vordringen könne, an der Kant, besonders in seiner Kritik der Urteilskraft, gestanden." Wer in die in naivem Gewande gegebene Weltanschauung Goethes eindringt, wird in ihr allerdings eine sichere Grundlage finden, die auf klare Ideen gebracht werden kann. Goethe selbst brachte sich diese Grundlage aber nicht zum Bewußtsein. Deshalb findet seine Vorstellungsart nur allmählich Eingang in die Entwickelung der Weltanschauung; und im Eingang des Jahrhunderts ist es zunächst Kant, mit dem sich die Geister auseinanderzusetzen versuchten.

So groß aber auch die Wirkung war, die von Kant ausging: es konnte den Zeitgenossen nicht verborgen bleiben, daß ein tieferes Erkenntnisbedürfnis durch ihn doch nicht befriedigt werden kann. Ein solches Erklärungsbedürfnis dringt auf eine einheitliche Weltansicht, wie das bei Goethe der Fall war. Bei Kant stehen die einzelnen Gebiete des Daseins unvermittelt neben einander. Aus diesem Grunde konnte es sich Fichte, trotz seiner unbedingten Verehrung Kants nicht verbergen, daß „Kant die Wahrheit bloß angedeutet, aber weder dargestellt, noch bewiesen“ habe. „Dieser wunderbare einzige Mann hat entweder ein Divinationsvermögen der Wahrheit, ohne sich ihrer Gründe selbst bewußt zu sein, oder er hat sein Zeitalter nicht hoch genug geschätzt, um sie ihm mitzuteilen, oder er hat sich gescheut, bei seinem Leben die übermenschliche Verehrung an sich zu reißen, die ihm über kurz oder lang noch zu teil werden müßte. Noch hat keiner ihn verstanden, keiner wird es, der nicht auf seinem eigenen Wege zu Kants Resultaten kommen wird, und dann wird die Welt erst staunen.“ „Aber ich glaube ebenso sicher zu wissen, daß Kant sich ein solches System gedacht habe; daß alles, was er wirklich vorträgt, Bruchstücke und Resultate dieses Systems sind, und daß seine Behauptungen nur unter dieser Voraussetzung Sinn und Zusammenhang haben.“ Denn wäre das nicht der Fall, so wolle er „die Kritik der reinen Vernunft eher für das Werk des sonderbarsten Zufalls halten, als für das eines Kopfes“. —

Auch andere haben das Unbefriedigende der Kantschen Gedankenkreise eingesehen. Lichtenberg, einer der geistvollsten und zugleich unabhängigsten Köpfe aus der zweiten Hälfte des vorigen Jahrhunderts, der Kant schätzte, konnte sich doch nicht versagen, gewichtige Einwände gegen dessen

Weltanschauung zu machen. Er sagt einerseits: „Was heißt mit Kantischem Geist denken? Ich glaube, es heißt, die Verhältnisse unseres Wesens, es sei nun was es wolle, gegen die Dinge, die wir außer uns nennen, ausfindig machen; das heißt, die Verhältnisse des Subjektiven gegen das Objektive bestimmen. Dieses ist freilich immer der Zweck aller gründlichen Naturforscher gewesen, allein die Frage ist, ob sie es je so wahrhaft philosophisch angefangen haben, als Herr Kant. Man hat das, was doch schon subjektiv ist und sein muß, für objektiv gehalten." Andrerseits bemerkt Lichtenberg aber: „Sollte es denn so ganz ausgemacht sein, daß unsere Vernunft von dem Übersinnlichen gar nichts wissen könne? Sollte nicht der Mensch seine Ideen von Gott eben so zweckmäßig weben können, wie die Spinne ihr Netz zum Fliegenfang? Oder mit anderen Worten: Sollte es nicht Wesen geben, die uns wegen unserer Ideen von Gott und Unsterblichkeit eben so bewundern, wie wir die Spinne und den Seidenwurm?" Aber man konnte einen noch viel gewichtigeren Einwand machen. Wenn es richtig ist, daß sich die Gesetze der menschlichen Vernunft nur auf die innere Welt des Geistes beziehen, wie kommen wir dazu, überhaupt von Dingen außer uns zu sprechen? Wir müßten uns dann doch völlig in unsere Innenwelt einspinnen. Einen solchen Einwand machte Gottlob Ernst Schulze in seiner 1792 anonym erschienenen Schrift: „Aenesidemus". Er behauptet darin, daß alle unsere Erkenntnisse bloße Vorstellungen seien, und daß wir über unsere Vorstellungswelt in keiner Weise hinausgehen können. Damit waren im Grunde auch Kants moralische Wahrheiten widerlegt. Denn läßt sich nicht einmal die Möglichkeit denken, über die Innenwelt hinauszugehen, so kann uns in eine unmöglich zu denkende Welt auch keine moralische Stimme leiten. So entwickelte sich aus Kants Ansicht zunächst ein neuer Zweifel an aller Wahrheit, der Kritizismus wurde zum Skeptizismus. Einer der konsequentesten Anhänger des Skeptizismus ist Salomon Maimon, der seit 1790 verschiedene Schriften verfaßte, die unter dem Einfluß Kants und Schulzes standen und in denen er mit aller Entschiedenheit dafür eintrat, daß von dem Dasein äußerer Gegenstände, wegen der ganzen Einrichtung unseres Erkenntnisvermögens, gar nicht gesprochen werden dürfe. Ein anderer Schüler Kants, Jacob Sigismund Beck, ging sogar so weit zu behaupten, Kant habe in Wahrheit selbst keine Dinge außer uns angenommen, und es beruhe nur auf einem Mißverständnis, wenn man ihm eine solche Vorstellung zuschreibe.

Eines ist gewiß: Kant bot seinen Zeitgenossen unzählige Angriffspunkte zu Auslegungen und zum Widerspruche dar. Gerade durch seine Unklarheiten und Widersprüche wurde er der Vater der klassischen deutschen Weltanschauungen Fichtes, Schellings, Schopenhauers, Hegel, Herbarts und Schleiermachers. Seine Unklarheiten wurden für sie zu neuen Fragen. So sehr er sich bemüht hatte, das Wissen einzuschränken, um für den Glauben Platz zu erhalten: der menschliche Geist kann sich, im wahrsten Sinne des Wortes, doch nur durch das Wissen, durch die Erkenntnis befriedigt erklären. So kam es denn, daß Kants Nachfolger die Erkenntnis wieder in ihre vollen Rechte einsetzen wollten; daß sie mit ihr die höchsten geistigen Bedürfnisse des Menschen erledigen wollten. Zum Fortsetzer Kants in dieser Richtung war Johann Gottlieb Fichte wie geschaffen. Er, der da sagte: „Die Liebe der Wissenschaft und ganz besonders der Spekulation, wenn sie den Menschen einmal ergriffen hat, nimmt ihn so ein, daß er keinen anderen Wunsch übrig behält als den, sich in Ruhe mit ihr zu beschäftigen.“ Einen Fanatiker der Weltanschauung darf man Fichte nennen. Er muß durch diesen seinen Fanatismus bezaubernd auf seine Zeitgenossen und seine Schüler gewirkt haben. Hören wir, was einer der letzteren, Forberg, über ihn sagt: „Sein öffentlicher Vortrag rauscht daher wie ein Gewitter, das sich seines Feuers in einzelnen Schlägen entladet; er erhebt die Seele, er will nicht bloß gute, sondern große Menschen machen; sein Auge ist strafend, sein Gang trotzig, er will durch seine Philosophie den Geist des Zeitalters leiten; seine Phantasie ist nicht blühend, aber energisch und mächtig; seine Bilder sind nicht reizend, aber kühn und groß. Er dringt in die innersten Tiefen des Gegenstandes und schaltet im Reiche der Begriffe mit einer Unbefangenheit, welche verrät, daß er in diesem unsichtbaren Lande nicht bloß wohnt, sondern herrscht." Das hervorstechendste Merkmal in Fichtes Persönlichkeit ist der große, ernste Stil in seiner Lebensauffassung. Die höchsten Maßstäbe legt er an alles. Er schildert z. B. den Beruf des Schriftstellers: „Die Idee muß selber reden, nicht der Schriftsteller. Alle Willkür des letzteren, seine ganze Individualität, seine ihm eigene Art und Kunst muß erstorben sein in seinem Vortrage, damit allein die Art und Kunst seiner Idee lebe, das höchste Leben, welches sie in dieser Sprache und in diesem Zeitalter gewinnen kann. So wie er frei ist von der Verpflichtung des mündlichen Lehrers, sich der Empfänglichkeit anderer zu fügen, so hat er auch nicht dessen Entschuldigung für sich. Er hat keinen gesetzten Leser im Auge, sondern er konstruiert seinen Leser, und giebt ihm das Gesetz, wie es sein müsse." — „Das Werk des Schriftstellers aber ist in sich selber ein Werk für die Ewigkeit. Mögen künftige Zeitalter einen höheren Schwung nehmen in der Wissenschaft, die er in seinem Werke niedergelegt hat; er hat nicht nur die Wissenschaft, er hat den ganz bestimmten und vollendeten Charakter eines Zeitalters, in Beziehung auf diese Wissenschaft in seinem Werke niedergelegt, und dieser behält sein Interesse, so lange es Menschen auf der Welt geben wird. Unabhängig von der Wandelbarkeit, spricht sein Buchstabe in allen Zeitaltern an alle Menschen, welche diesen Buchstaben zu beleben vermögen, und begeistert, erhebt, veredelt bis an das Ende der Tage." So spricht ein Mann, der sich seines Berufes als geistiger Lenker seines Zeitalters bewußt ist, dem es voller Ernst war, wenn er — in der Vorrede seiner Wissenschaftslehre sagte — an meiner Person liegt nichts, alles aber an der Wahrheit, denn „ich bin ein Priester der Wahrheit". Von einem Manne, der so im Reiche der „Wahrheit" lebte, verstehen wir es, daß er andere nicht bloß zum Verstehen anleiten, sondern zwingen wollte. Er durfte einer seiner Schriften den Titel geben: „Sonnenklarer Bericht an das größere Publikum über das eigentliche Wesen der neuesten Philosophie. Ein Versuch, die Leser zum Verstehen zu zwingen." Eine Persönlichkeit, welche der Wirklichkeit und deren Thatsachen nicht zu bedürfen glaubt, um den Lebensweg zu gehen, sondern die das Auge unverwandt auf die Ideenwelt richtet, ist Fichte. Gering denkt er von denjenigen, die eine solch ideale Richtung des Geistes nicht verstehen. „Indes man in demjenigen Umkreise, den die gewöhnliche Erfahrung um uns gezogen, allgemeiner selbst denkt und richtiger urteilt, als vielleicht je, sind die mehrsten völlig irre und geblendet, sobald sie auch nur eine Spanne über denselben hinausgehen sollen. Wenn es unmöglich ist, in diesen den einmal ausgelöschten Funken des höheren Genius wieder anzufachen, muß man sie ruhig in jenem Kreise bleiben, und insofern sie in demselben nützlich und unentbehrlich sind, ihnen ihren Wert in und für denselben ungeschmälert lassen. Aber wenn sie darum nun selbst verlangen, alles zu sich herabzuziehen, wozu sie sich nicht erheben können, wenn sie z. B. fordern, daß alles Gedruckte sich als ein Kochbuch, oder als ein Rechenbuch, oder als ein Dienstreglement solle gebrauchen lassen, und alles verschreien, was sich nicht so brauchen läßt, so haben sie selbst um ein großes Unrecht. — Daß Ideale in der wirklichen Welt sich nicht darstellen lassen, wissen wir anderen vielleicht so gut, als sie, vielleicht besser. Wir behaupten nur, daß nach ihnen die Wirklichkeit beurteilt, und von denen, die dazu Kraft in sich fühlen, modifiziert werden müsse. Gesetzt, sie könnten auch davon sich nicht überzeugen, so verlieren sie dabei, nachdem sie einmal sind, was sie sind, sehr wenig; und die Menschheit verliert nichts dabei. Es wird dadurch bloß das klar, daß nur auf sie nicht im Plane der Veredlung der Menschheit gerechnet ist. Diese wird ihren Weg ohne Zweifel fortsetzen; über jene wolle die gütige

Natur walten, und ihnen zu rechter Zeit Regen und Sonnenschein, zuträgliche Nahrung und ungestörten Umlauf der Säfte, und dabei — kluge Gedanken verleihen!" Diese Worte setzte er dem Druck der Vorlesungen voraus, in denen er den Jenenser Studenten die „Bestimmung des Gelehrten" auseinandersetzte. Aus einer großen seelischen Energie heraus, die Sicherheit für die Erkenntnis der Welt und für das Leben giebt, sind Anschauungen wie die Fichtes erwachsen. Rücksichtslose Worte hatte dieser für alle, die in sich nicht die Kraft zu solcher Sicherheit verspürten. Als Reinhold äußerte, daß die innere Stimme des Menschen doch auch irren könne, erwidert ihm Fichte: „Sie sagen, der Philosoph solle denken, daß er als Individuum irren könne, daß er als solcher von andern lernen könne und müsse. Wissen Sie, welche Stimmung Sie da beschreiben: die eines Menschen, der in seinem ganzen Leben noch nie von etwas überzeugt war."

Dieser kraftvollen Persönlichkeit, deren Blick ganz nach innen gerichtet war, widerstrebte es, das Höchste, was der Mensch erreichen kann, eine Weltanschauung, anderswo als auch im Innern zu suchen. „Alle Kultur soll sein Übung aller Kräfte auf den einen Zweck der völligen Freiheit, d. h. der völligen Unabhängigkeit von allem, was nicht wir selbst, unser reines Selbst (Vernunft, Sittengesetz) ist, denn nur dies ist unser . . ." So urteilt Fichte in den 1793 erschienenen „Beiträgen zur Berichtigung der Urteile des Publikums über die französische Revolution". Und die wertvollste Kraft im Menschen, die Erkenntniskraft, sollte nicht auf diesen einen Zweck des völligen Unabhängigseins von allem, was nicht wir selbst sind, gerichtet sein? Könnten wir denn überhaupt je zu einem völligen Unabhängigsein kommen, wenn wir in der Weltanschauung von irgend welchem Wesen abhängig wären? Wenn es durch ein solches außer uns gelegenes Wesen ausgemacht wäre, was die Natur, was unsere Seele, welches unsere Pflichten sind, und wir dann hinterher von einer solchen fertigen Thatsache aus uns ein Wissen verschafften? Sind wir unabhängig, dann müssen wir es auch in Bezug auf die Erkenntnis der Wahrheit sein. Wenn wir etwas empfangen, das ohne unser Zuthun entstanden ist, dann sind wir von diesem abhängig. Die höchste Wahrheit können wir also nicht empfangen. Wir müssen sie schaffen; sie muß durch uns entstehen. Fichte kann somit an die Spitze der Weltanschauung nur etwas stellen, was durch uns erst sein Dasein erlangt. Wenn wir von irgend einem Dinge der Außenwelt sagen: es ist, so thun wir dies deshalb, weil wir es wahrnehmen. Wir wissen, daß wir einem andern Wesen das Dasein zuerkennen. Was dieses andere Ding ist, das hängt nicht von uns ab. Seine Beschaffenheit können wir nur erkennen, wenn wir unser Wahrnehmungsvermögen darauf richten. Wir würden niemals wissen, was „rot", „warm", „kalt" ist, wenn wir es nicht durch die Wahrnehmung wüßten. Wir können zu diesen Beschaffenheiten der Dinge nichts hinzuthun, nichts von ihnen wegnehmen. Wir sagen „sie sind". Was sie sind: das sagen sie uns. Ganz anders ist es mit unserm eigenen Dasein. Zu sich selbst sagt der Mensch nicht: „es ist", sondern: „Ich bin". Damit hat er aber nicht bloß gesagt: daß er ist, sondern auch: was er ist, nämlich ein „Ich". Nur ein anderes Wesen könnte von mir sagen: „es ist" Ja, es müßte so sagen. Denn selbst, wenn dieses andere Wesen mich geschaffen hätte, könnte es von meinem Dasein nicht sagen: ich bin. Der Ausspruch: „ich bin" verliert allen Sinn, wenn ihn das Wesen, das von seinem Dasein spricht, nicht selbst thut. Es giebt somit nichts in der Welt, was mich mit „ich" ansprechen kann als allein mich selbst. Diese Anerkennung meiner als eines „Ich" muß demnach meine ureigenste That sein. Kein Wesen außer mir kann darauf Einfluß haben.

Hier fand Fichte etwas, wo er sich ganz unabhängig sah von jeglicher fremden Wesenheit. Ein Gott könnte mich schaffen; aber er müßte es mir überlassen, mich als ein „Ich" anzuerkennen. Mein Ichbewußtsein gebe ich mir selbst. In ihm habe ich also nicht ein Wissen, ein Erkennen, das ich empfangen habe; sondern ein solches, das ich selbst gemacht habe. So hat sich Fichte einen festen Punkt für die Weltanschauung geschaffen, etwas, wo Gewißheit ist. Wie steht es nun aber mit dem Dasein anderer Wesen? Ich lege ihnen ein Dasein bei. Aber ich habe dazu nicht ein gleiches Recht, wie bei mir selbst. Sie müssen zu Teilen meines „Ich“ werden, wenn ich ihnen mit gleichem Rechte ein Dasein beilegen soll. Und das werden sie, indem ich sie wahrnehme. Denn sobald das der Fall ist, sind sie für mich da. Ich kann nur sagen: mein Selbst fühlt „rot“, mein Selbst empfindet „warm“. Und so wahr ich mir selbst ein Dasein beilege; so wahr kann ich dies auch meinem Fühlen und meinem Empfinden beilegen. Wenn ich mich also selbst recht verstehe, so kann ich nur sagen: ich bin und ich lege selbst auch einer Außenwelt ein Dasein bei.

Auf diese Weise verlor für Fichte die Welt außer dem „Ich“ ihr selbständiges Dasein; sie hat nur ein ihr vom Ich beigelegtes, ein also zu ihr hinzugedichtetes Dasein. In seinem Streben, dem eigenen Selbst die höchstmögliche Unabhängigkeit zu geben, hat Fichte der Außenwelt jede Selbständigkeit genommen. Wo nun eine solche selbständige Außenwelt nicht vorhanden gedacht wird, da ist es auch begreiflich, daß das Interesse an dem Wissen, an der Erkenntnis dieser Außenwelt aufhört. Damit ist das Interesse an dem eigentlichen Wissen überhaupt erloschen. Denn das Ich erfährt durch ein solches Wissen im Grunde nichts, als was es selbst hervorbringt. In allem Wissen hält das menschliche Ich gleichsam nur Monologe mit sich selbst. Es geht nicht über sich selbst hinaus. Wodurch es aber dies letztere doch vollbringt: das ist die lebendige That. Wenn das Ich handelt, wenn es in der Welt etwas vollbringt: dann ist es nicht mehr monologisierend mit sich allein. Dann fließen seine Handlungen hinaus in die Welt. Sie erlangen ein selbständiges Dasein. Ich vollbringe etwas; und wenn ich es vollbracht habe, dann wirkt es fort, auch wenn ich mich an seiner Wirkung nicht mehr beteilige. Was ich weiß, hat ein Dasein nur durch mich; was ich thue, ist Bestandteil einer von mir unabhängigen moralischen Weltordnung. Was bedeutet aber alle Gewißheit, die wir aus dem eigenen Ich ziehen, gegenüber dieser allerhöchsten Wahrheit einer moralischen Weltordnung, die doch unabhängig von uns sein muß, wenn das Dasein einen Sinn haben soll? Alles Wissen ist doch nur etwas für das eigene Ich; diese Weltordnung muß aber sein außer dem Ich. Sie muß sein, trotzdem wir von ihr nichts wissen können. Wir müssen sie also glauben. So kommt auch Fichte über das Wissen hinaus zu einem Glauben. Wie der Traum gegenüber der Wirklichkeit, ist alles Wissen gegenüber dem Glauben. Auch das eigene Ich hat nur ein solches Traumdasein, wenn es sich selbst bloß betrachtet. Es macht sich ein Bild von sich, das nichts weiter zu sein braucht, als ein vorüberschwebendes Bild; allein das Handeln bleibt. Mit bedeutsamen Worten schildert Fichte dieses Traumdasein der Welt in seiner „Bestimmung des Menschen": „Es giebt überall kein Dauerndes, weder außer mir, noch in mir, sondern nur einen unaufhörlichen Wechsel. Ich weiß überall von keinem Sein, und auch nicht von meinem eigenen. Es ist kein Sein. — Ich selbst weiß überhaupt nicht, und bin nicht. Bilder sind: sie sind das Einzige, was da ist, und sie wissen von sich, nach Weise der Bilder; — Bilder, die vorüberschweben, ohne daß etwas sei, dem sie vorüberschweben: die durch Bilder von Bildern zusammenhängen, Bilder ohne etwas in ihnen abgebildetes, ohne Bedeutung und Zweck. Ich selbst bin eins dieser Bilder; ja, ich bin selbst dies nicht, sondern nur ein verworrenes Bild von Bildern. — Alle Realität verwandelt sich in einen wunderbaren Traum, ohne ein Leben, von welchem geträumt wird, und ohne einen Geist, der da träumt; in einen Traum, der in einem Traume von sich zusammenhängt. Das Anschauen ist der Traum; das Denken, — die Quelle alles Seins, und aller Realität, die ich mir einbilde, meines Seins, meiner Kraft, meiner Zwecke, — ist der Traum von jenem Traume". Wie anders erscheint Fichte die moralische Weltordnung, die Welt des Glaubens: „Mein Wille soll schlechthin durch sich selbst, ohne alles seinen Ausdruck schwächende Werkzeug, in einer ihm völlig gleichartigen Sphäre, als Vernunft auf Vernunft, als Geistiges auf Geistiges, wirken; — in einer Sphäre, der er jedoch das Gesetz des Lebens, der Thätigkeit, des Fortlaufens nicht gebe, sondern die es in sich selbst habe; also auf selbstthätige Vernunft. Aber selbstthätige Vernunft ist Wille. Das Gesetz der übersinnlichen Welt wäre sonach ein Wille . Jener erhabene Wille geht sonach nicht abgesondert von der übrigen Vernunftwelt seinen Weg für sich. Es ist zwischen ihm und allen endlichen vernünftigen Wesen ein geistiges Band, und er selbst ist dieses geistige Band innerhalb der Vernunftwelt .... Ich verhülle mein Angesicht vor dir, und lege die Hand auf den Mund. Wie du für dich selbst bist, und dir selbst erscheinest, kann ich nie einsehen, so gewiß ich nie du selbst werden kann. Nach tausendmal tausend durchlebten Geisterwelten werde ich dich noch ebenso wenig begreifen als jetzt in dieser Hütte von Erde. — Was ich begreife, wird durch mein bloßes Begreifen zum Endlichen; und dieses läßt auch durch unendliche Steigerung, und Erhöhung sich nie ins Unendliche umwandeln. Du bist vom Endlichen nicht dem Grade, sondern der That nach verschieden. Sie machen dich durch jene Steigerung nur zu einem größeren Menschen, und immer zu einem größeren; nie aber zum Gotte, zum Unendlichen, der keines Maßes fähig ist."

Weil das Wissen ein Traum, die moralische Weltordnung für Fichte das einzig wahrhaft Wirkliche ist, deshalb stellt er auch das Leben, durch das sich der Mensch in den sittlichen Weltzusammenhang hineinstellt über das bloße Erkennen, das Betrachten der Dinge. „Nichts — sagt er — hat unbedingten Wert und Bedeutung, als das Leben; alles übrige, Denken, Dichten und Wissen hat nur Wert, insofern es auf irgend eine Weise sich auf das Lebendige bezieht, von ihm ausgeht und in dasselbe zurückzulaufen beabsichtigt."

Der ethische Grundzug in Fichtes Persönlichkeit ist es, der in seiner Weltanschauung alles ausgelöscht oder in seiner Bedeutung herabgedrückt hat, was nicht auf die moralische Bestimmung des Menschen hinausläuft. Er wollte die größten, die reinsten Forderungen für das Leben aufstellen; und dabei wollte er durch kein Erkennen, das vielleicht in diesen Zielen Widersprüche mit der natürlichen Gesetzmäßigkeit der Welt entdecken könnte, beirrt sein. Goethe hat gesagt: „Der Handelnde ist immer gewissenlos; es hat niemand Gewissen als der Betrachtende.“ Damit meinte er, daß der Betrachtende alles nach seinem wahren, wirklichen Werte abschätzt und jedes Ding an seinem Platze begreift und gelten läßt. Der Handelnde hat es vor allen Dingen darauf abgesehen, seine Forderungen in Erfüllung gehen zu sehen; ob er dabei den Dingen Unrecht thut oder nicht: das ist ihm gleich. Fichte war es vor allen Dingen ums Handeln zu thun; er wollte sich aber dabei von der Betrachtung nicht Gewissenlosigkeit vorwerfen lassen. Deshalb bestritt er den Wert der Betrachtung.

Ins unmittelbare Leben einzugreifen, war Fichtes fortwährendes Bemühen. Wo er glaubte, daß seine Worte bei andern zur That werden könnten, da fühlte er sich am zufriedensten. Aus diesem Drang heraus hat er die Schriften verfaßt: „Zurückforderung der Denkfreiheit von den Fürsten Europas, die sie bisher unterdrückten. Heliopolis, im letzten Jahre der alten Finsternis 1792.“ „Beiträge zur Berichtigung der Urteile des Publikums über die französische Revolution 1793.“ Aus diesem Drang heraus hat er seine hinreißenden Reden gehalten: „Die Grundzüge des gegenwärtigen Zeitalters, dargestellt in Vorlesungen, gehalten zu Berlin im Jahre 1804—1805“; „Die Anweisung zum seligen Leben oder auch die Religionslehre. In Vorlesungen, gehalten zu Berlin im Jahre 1806“, und endlich seine „Reden an die deutsche Nation 1808“, ein Werk, in dem Kühnheit des Denkens, edelste Begeisterung und Mut der Persönlichkeit in gleichem Maße unsere Bewunderung herausfordern.

Bedingungslose Hingabe an die moralische Weltordnung, Handeln aus dem tiefsten Kern der ethischen Naturanlage des Menschen heraus: das sind die Forderungen, durch die das Leben Wert und Bedeutung erhält. Diese Ansicht zieht sich als Grundmotiv durch alle diese Reden und Schriften hindurch. In den „Grundzügen des gegenwärtigen Zeitalters“ warf er diesem Zeitalter in flammenden Worten seine Selbstsucht vor. Jeder gehe nur den Weg, den ihm seine niederen Triebe vorschreiben. Aber diese Triebe führen ab von dem großen Ganzen, das die menschliche Gemeinschaft als moralische Harmonie umschließt. Ein solches Zeitalter müsse diejenigen, die in seinem Sinne leben, dem Untergange entgegenführen. Die Pflicht wollte Fichte in den menschlichen Gemütern beleben. Und als Deutschland durch die Fremdherrschaft daran war, seine Selbständigkeit zu verlieren, da bot sich seinem lebendürstigen Sinn die schönste Gelegenheit, einzugreifen in den Gang der Ereignisse. Mitten unter den Feinden, im Winter 1807—1808 hielt er seine „Reden an die deutsche Nation“. Wie er in Jena, als er vor seinen Studenten anfing, seine Weltanschauung zu entwickeln, sagte, seine Person käme nicht in Betracht, sondern allein die Wahrheit, so dachte er auch jetzt, wo er recht gut wußte, daß ihm in jedem Augenblick der Feind mit einer Kugel das Reden unmöglich machen könne, durch das er in seiner Nation die Begeisterung wecken wollte, ihre Selbständigkeit und Unabhängigkeit diesem Feinde gegenüber zu verteidigen. „Das Gute ist Begeisterung, Erhebung; meine persönliche Gefahr kommt gar nicht in Anschlag, sondern sie könnte vielmehr höchst vorteilhaft wirken.“ Er wies die Deutschen auf ihre eigene Natur hin. Ursprünglich sei alles an dieser Natur: die Sprache, die Dichtung, die Wissenschaft. Die Deutschen sprechen ihre ursprüngliche Sprache; sie haben nicht wie die westeuropäischen Völker die römische Sprache aufgenommen. Die Sprache aber ist der Ausdruck des Geistes. Wer die aus seinem Stamm heraus entsprungene Ursprache spricht, drückt in dieser seine unabhängigste geistige Wesenheit aus. Wer wie jene westlichen Völker diese Ursprache verloren und eine fremde angenommen hat, der hat auch die Eigenart des Geistes aufgegeben. Und man sehe sich die Dichtung bei beiden Völkerstämmen an. Aus dem tiefsten Volkscharakter heraus klingt die deutsche Poesie; in äußerlichen Formen schafft der Geist der westlichen Nachbarn. Mag daher deutsche Kunst auch zuweilen rauh und hart im Ausdrucke sein: sie ist eine Kunst der tiefsten Seelenbedürfnisse; mag die westliche Kunst elegant und graziös sein: sie entspringt einer äußerlichen Schöngeisterei. Nicht anders die Wissenschaft. Deutsche Philosophie hat Fühlung mit der Volksseele; die französische ist Eigentum einer gelehrten Kaste, die den Zusammenhang mit dem Volke verloren hat. Wie kann ein Volk, das eine ureigene Kultur hat, unterliegen einem solchen, das sich eine fremde eingeimpft hat? Es kann nicht unterliegen, wenn es sich nur auf seine Ursprünglichkeit besinnt. „Ein Volk, das da fähig ist, sei es auch nur in seinen höchsten Stellvertretern und Anführern, das Gesicht aus der Geisterwelt, Selbständigkeit fest ins Auge zu fassen, und von der Liebe dafür ergriffen zu werden, wie unsere ältesten Vorfahren, siegt gewiß über ein solches, das nur zum Werkzeuge fremder Herrschsucht und zur Unterjochung selbständiger Völker gebraucht wird, wie die römischen Heere; denn die ersteren haben alles zu verlieren, die letzteren bloß einiges zu gewinnen.“ Nur ein Geist, dem die höchsten Regionen der Ideenwelt zugänglich sind, konnte eine solch gedankentiefe Charakteristik seines Volkes liefern, und nur eine Persönlichkeit, die das Vertrauen in die siegende Kraft der Ideen hat, konnte diese geistigen Waffen zu den physischen gesellen, die damals gegen den fremden Eroberer kämpften.

* * *

Wie Kant das Wissen entthront hat, um für den Glauben Platz zu bekommen, so hat Fichte das Erkennen für wertlos erklärt, um für das lebendige Handeln, für die moralische That freie Bahn vor sich zu haben. Ein ähnliches hat auch Schiller versucht. Nur nahm bei ihm die Stelle, die bei Kant der Glaube, bei Fichte das Handeln beanspruchte, die Schönheit ein. Die Bedeutung Schillers für die Weltanschauungsentwickelung wird gewöhnlich unterschätzt. Wie Goethe sich darüber zu beklagen hatte, daß man ihn als Naturforscher nicht gelten lassen wollte, weil man einmal gewohnt war, ihn als Dichter zu nehmen, so müssen diejenigen, die sich in Schillers philosophische Ideen vertiefen, bedauern, daß er von denen, die sich mit Weltanschauungsgeschichte befassen, so wenig gewürdigt wird, weil ihm sein Feld im Reiche der Kunst angewiesen ist.

Als eine durchaus selbständige Denkerpersönlichkeit stellt sich Schiller seinem Anreger Kant gegenüber. Die Hoheit des moralischen Glaubens, zu der Kant den Menschen zu erheben suchte, schätzte der Dichter, der in den „Räubern“ und in „Kabale und Liebe“ seiner Zeit einen Spiegel ihrer Verderbtheit vorgehalten hat, wahrlich nicht gering. Aber er sagte sich: sollte es durchaus notwendig sein, daß der Mensch nur im Kampfe gegen seine Neigung, gegen seine Begierden und Triebe sich zu der Höhe des kategorischen Imperativs emporheben kann? Kant wollte ja der sinnlichen Natur des Menschen nur den Hang zum Niederen, zum Selbstsüchtigen, zum Sinnlich-Angenehmen beilegen; und nur, wer sich emporschwingt über diese sinnliche Natur, wer sie ertötet und die rein geistige Stimme der Pflicht in sich sprechen läßt: der kann tugendhaft sein. So hat Kant den natürlichen Menschen erniedrigt, um den moralischen um so höher heben zu können. Schiller schien darin etwas des Menschen Unwürdiges zu liegen. Sollten denn die Triebe des Menschen nicht so veredelt werden können, daß sie aus sich selbst heraus das Pflichtmäßige, das Sittliche thun? Dann brauchten sie, um sittlich zu wirken, nicht unterdrückt zu werden. Schiller stellte deshalb der strengen Kantschen Pflichtforderung seine Ansicht in dem folgenden Epigramm gegenüber:

Gewissensskrupel:

Gern dien' ich den Freunden, doch thu ich es leider mit Neigung,
Und so wurmt es mich oft, daß ich nicht tugendhaft bin.

Entscheidung.

Da ist kein anderer Rat, du mußt suchen, sie zu verachten,
Und mit Abscheu alsdann thun, wie die Pflicht dir gebeut.

Schiller suchte diese „Gewissensskrupel" auf seine Art zu lösen. Zwei Triebe walten thatsächlich im Menschen: der sinnliche Trieb und der Vernunftstrieb. Überläßt sich der Mensch dem sinnlichen Trieb, so ist er ein Spielball seiner Begierden und Leidenschaften, kurz seiner Selbstsucht. Giebt er sich ganz dem Vernunftstrieb hin, so ist er ein Sklave ihrer strengen Gebote, ihrer unerbittlichen Logik, ihres kategorischen Imperativs. Ein Mensch, der bloß dem sinnlichen Triebe leben will, muß die Vernunft in sich zum Schweigen bringen; ein solcher, der nur der Vernunft dienen will, muß die Sinnlichkeit ertöten. Hört der erstere doch die Vernunft, so unterwirft er sich ihr nur unfreiwillig; vernimmt der letztere die Stimme seiner Begierden, so empfindet er sie als Last auf seinem Tugendwege. Die physische und die geistige Natur des Menschen scheinen also in einem verhängnisvollen Zwiespalt zu leben. Giebt es nicht einen Zustand im Menschen, in dem beide Triebe, der sinnliche und der geistige, in Harmonie stehen? Schiller beantwortet die Frage mit „Ja". Es ist der Zustand, in dem das Schöne geschaffen und genossen wird. Wer ein Kunstwerk schafft, der folgt einem freien Naturtrieb. Er thut es aus Neigung. Aber es sind keine physischen Leidenschaften, die ihn antreiben; es ist die Phantasie, der Geist. Ebenso ist es mit demjenigen, der sich dem Genusse eines Kunstwerkes hingiebt. Es befriedigt seinen Geist zugleich, indem es auf seine Sinnlichkeit wirkt. Seinen Begierden kann der Mensch nachgehen, ohne die höheren Gesetze des Geistes zu beachten; seine Pflicht kann er erfüllen, ohne sich um die Sinnlichkeit zu kümmern; ein schönes Kunstwerk wirkt auf sein Wohlgefallen, ohne seine Begierde zu erwecken; und es versetzt ihn in eine geistige Welt, in der er aus Neigung verweilt. In diesem Zustande ist der Mensch wie das Kind, das bei seinen Handlungen seiner Neigung folgt und nicht fragt, ob diese den Vernunftgesetzen widerstrebt: „Durch die Schönheit wird der sinnliche Mensch . zum Denken geleitet; durch die Schönheit wird der geistige Mensch zur Materie zurückgeführt und der Sinnenwelt wiedergegeben.“ (Achtzehnter Brief über ästhetische Erziehung des Menschen.) „Die hohe Freiheit und Gleichmütigkeit des Geistes, mit Kraft und Rüstigkeit verbunden, ist die Stimmung, in der uns ein echtes Kunstwerk entlassen soll, und es giebt keinen sichereren Probierstein der wahren ästhetischen Güte. Finden wir uns nach einem Genuß dieser Art zu irgend einer besonderen Empfindungsweise oder Handlungsweise vorzugsweise aufgelegt, zu einer anderen hingegen ungeschickt und verdrossen, so dient dies zu einem untrüglichen Beweise, daß wir keine rein ästhetische Wirkung erfahren haben, es sei nun, daß es an dem Gegenstand oder an unserer Empfindungsweise oder (wie fast immer der Fall ist) an beiden zugleich gelegen habe.“ (Zweiundzwanzigster Brief über ästhetische Erziehung.) Weil der Mensch durch die Schönheit weder ein Sklave der Sinnlichkeit ist, noch der Vernunft, sondern durch sie beide zusammen in seiner Seele wirken, vergleicht Schiller den Trieb zur Schönheit demjenigen des Kindes, das in seinem Spiel seinen Geist nicht Vernunftgesetzen unterwirft, sondern ihn frei, seiner Neigung nach, gebraucht. Deshalb nennt er diesen Trieb zur Schönheit Spieltrieb: „Mit dem Angenehmen, mit dem Guten, mit dem Vollkommenen ist es dem Menschen nur Ernst; aber mit der Schönheit spielt er. Freilich dürften wir uns hier nicht an die Spiele erinnern, die in dem wirklichen Leben im Gange sind und die sich gewöhnlich nur auf sehr materielle Gegenstände richten; aber in dem wirklichen Leben würden wir auch die Schönheit vergebens suchen, von der hier die Rede ist. Die wirklich vorhandene Schönheit ist des wirklich vorhandenen Spieltriebs wert; aber durch das Ideal der Schönheit, welches die Vernunft aufstellt, ist auch ein Ideal des Spieltriebs aufgegeben, das der Mensch in allen seinen Spielen im Auge haben soll.“ (25. Brief.) In der Erfüllung dieses idealen Spieltriebs findet der Mensch die Wirklichkeit der Freiheit. Er gehorcht nun nicht mehr der Vernunft; und er folgt nicht mehr der sinnlichen Neigung. Er handelt aus Neigung so, wie wenn er aus Vernunft handelte. „Der Mensch soll mit der Schönheit nur spielen, und er soll nur mit der Schönheit spielen . . Denn um es endlich herauszusagen, der Mensch spielt nur, wo er in voller Bedeutung des Wortes Mensch ist, und er ist nur da ganz Mensch, wo er spielt.“ Schiller hätte auch sagen können: Im Spiel ist der Mensch frei; in der Erfüllung der Pflicht und in der Hingabe an die Sinnlichkeit ist er unfrei. Will der Mensch nun auch in seinem moralischen Handeln in voller Bedeutung des Wortes Mensch sein, das heißt, will er frei sein, so muß er zu seinen Tugenden dasselbe Verhältnis haben wie zur Schönheit. Er muß seine Neigungen zu Tugenden veredeln; und er muß sich mit seinen Tugenden so durchdringen, daß er, seiner ganzen Wesenheit nach, gar keinen andern Trieb hat, als ihnen zu folgen. Ein Mensch, der diesen Einklang zwischen Neigung und Pflicht hergestellt hat, kann in jedem Augenblick auf die Güte seiner Handlungen, wie auf etwas Selbstverständliches, rechnen.

Man kann von diesem Gesichtspunkte aus auch das gesellschaftliche Zusammenleben der Menschen betrachten. Der Mensch, der seinen sinnlichen Trieben folgt, ist selbstsüchtig. Er ginge stets nur seinem eigenen Wohlsein nach, wenn nicht der Staat das Zusammensein durch Vernunftgesetze regelte. Der freie Mensch vollbringt ans eigenem Antriebe, was der Staat von dem selbstsüchtigen Menschen fordern muß. In einem Zusammensein von freien Menschen bedarf es keiner Zwangsgesetze. „Mitten in dem furchtbaren Reich der Kräfte und mitten in dem heiligen Reich der Gesetze baut der ästhetische Bildungstrieb unvermerkt an einem dritten, fröhlichen Reiche des Spiels, worin er dem Menschen die Fesseln aller Verhältnisse abnimmt und ihn von allem, was

Zwang heißt, sowohl im Physischen wie im Moralischen entbindet“ (27. Brief.) „Dieses Reich erstreckt sich aufwärts, bis wo die Vernunft mit unbedingter Notwendigkeit herrscht und alle Materie aufhört; es erstreckt sich abwärts, bis wo der Naturtrieb mit blinder Nötigung waltet.“ So betrachtet Schiller ein moralisches Reich als Ideal, in dem die tugendhafte Gesinnung mit derselben Leichtigkeit und Freiheit waltet wie der Geschmack im Reiche des Schönen. Er macht das Leben im Reiche des Schönen zum Muster einer vollkommenen, den Menschen in jeder Richtung befreienden sittlichen gesellschaftlichen Ordnung. Er schließt die schöne Abhandlung, in der er dieses sein Ideal darstellt, mit der Frage, ob eine solche Ordnung irgendwo existiere und beantwortet sie damit: „Dem Bedürfnis nach existiert sie in jeder feingestimmten Seele; in der That möchte man sie wohl nur, wie die reine Kirche und die reine Republik, in einigen wenigen auserlesenen Zirkeln finden, wo nicht die geistlose Nachahmung fremder Sitten, sondern eigene schöne Natur das Betragen lenkt, wo der Mensch durch die verwickeltesten Verhältnisse mit kühner Einfalt und ruhiger Unschuld geht und weder nötig hat, fremde Freiheit zu kränken, um die seinige zu behaupten, noch seine Würde wegzuwerfen, um Anmut zu zeigen.“

In dieser zur Schönheit veredelten Tugendhaftigkeit hat Schiller eine Vermittelung zwischen der Weltanschauung Kants und derjenigen Goethes gefunden. Wie groß auch der Zauber war, den Kant auf Schiller ausübte, als dieser selbst das Ideal des reinen Menschentums gegenüber der wirklich herrschenden moralischen Ordnung verteidigte: Schiller wurde, als er Goethe näher kennen lernte, ein Bewunderer von dessen Welt- und Lebensbetrachtung, und sein stets nach reinster Gedankenklarheit drängender Sinn ließ ihm nicht eher Ruhe, bis es ihm gelungen war, diese Goethesche Weisheit auch begrifflich zu durchdringen. Die hohe Befriedigung, die Goethe aus seinen Anschauungen über Schönheit und Kunst auch für seine Lebensführung zog, führte Schiller mehr und mehr zu der Vorstellungsart des ersteren hinüber. Als er Goethe für Übersendung des

„Wilhelm Meister" dankt, thut er dies mit den Worten: „Ich kann Ihnen nicht ausdrücken, wie peinlich mir das Gefühl oft ist, von einem Produkt dieser Art in das philosophische Wesen hineinzusehen. Dort ist alles so heiter, so lebendig, so harmonisch aufgelöst und so menschlich wahr; hier alles so strenge, so rigid und abstrakt, und so unnatürlich, weil alle Natur nur Synthesis und Philosophie Antithesis ist. Zwar darf ich mir das Zeugnis geben, in meinen Spekulationen der Natur so treu geblieben zu sein, als sich mit dem Begriff der Analysis verträgt; ja vielleicht bin ich ihr treuer geblieben als unsere Kantianer für erlaubt und für möglich hielten. Aber dennoch fühle ich nicht weniger lebhaft den unendlichen Abstand zwischen dem Leben und dem Räsonnement — und kann mich nicht enthalten in einem solchen melancholischen Augenblicke für einen Mangel in meiner Natur auszulegen, was ich in einer heiteren Stunde bloß für eine natürliche Eigenschaft der Sache ansehen muß. So viel ist indes gewiß, der Dichter ist der einzig wahre Mensch, und der beste Philosoph ist nur eine Karikatur gegen ihn." Dieses Urteil Schillers kann sich nur auf die Kantsche Philosophie beziehen, an der Schiller seine Erfahrungen gemacht hat. Sie entfernt den Menschen in vieler Beziehung von der Natur. Sie bringt dieser keinen Glauben entgegen, sondern läßt als gültige Wahrheit nur gelten, was aus der eigenen geistigen Organisation des Menschen genommen ist. Dadurch entbehren alle ihre Urteile jener frischen, inhaltvollen Farbigkeit, die alles hat, was wir durch unmittelbare Anschauung der natürlichen Vorgänge und Dinge selbst gewinnen. Sie bewegt sich in blutleeren, grauen, kalten Abstraktionen. Sie giebt die Wärme auf, die wir aus der unmittelbaren Berührung mit den Dingen gewinnen und tauscht dafür die Kälte ihrer abstrakten Begriffe ein. Und auch im Moralischen zeigt die Kantsche Weltanschauung dieselbe Gegensätzlichkeit gegen die Natur. Der rein vernünftige Pflichtbegriff schwebt ihr als höchstes vor. Was der Mensch liebt, wozu er Neigung hat: alles das Unmittelbar-Natürliche im

Menschenwesen muß diesem Pflichtideal untergeordnet werden. Sogar bis in die Region des Schönen hinein vertilgt Kant den Anteil, den der Mensch, seinen ursprünglichen Empfindungen und Gefühlen nach, haben muß. Das Schöne soll ein völlig „interesseloses“ Wohlgefallen hervorrufen. Hören wir, wie hingebend, wie „interessiert“ Schiller dem Werke, an dem er die höchste Stufe des Künstlerischen bewundert, gegenübersteht. Er sagt über „Wilhelm Meister“: „Ich kann das Gefühl, das mich beim Lesen dieser Schrift, und zwar in zunehmendem Grade, je weiter ich darin komme, durchdringt und besitzt, nicht besser als durch eine süße und innige Behaglichkeit, durch ein Gefühl geistiger und leiblicher Gesundheit ausdrücken, und ich wollte dafür bürgen, daß es dasjenige bei allen Lesern im ganzen sein muß. — Ich erkläre mir dieses Wohlsein von der durchgängig darin herrschenden ruhigen Klarheit, Glätte und Durchsichtigkeit, die auch nicht das Geringste zurückläßt, was das Gemüt unbefriedigt und unruhig läßt, und die Bewegung desselben nicht weiter treibt als nötig ist, um ein fröhliches Leben in den Menschen anzufachen und zu erhalten.“ So spricht nicht jemand, der an das interesselose Wohlgefallen glaubt; sondern der die Lust an dem Schönen einer solchen Veredelung für fähig hält, daß es keine Erniedrigung bedeutet, sich dieser Lust völlig hinzugeben. Das Interesse soll nicht erlöschen, wenn wir dem Kunstwerk gegenüberstehen; wir sollen vielmehr imstande sein, unser Interesse auch dem entgegenbringen zu können, was Ausfluß des Geistes ist. Und diese Art des Interesses für das Schöne soll der „wahre“ Mensch auch den moralischen Vorstellungen gegenüber haben. In einem Briefe an Goethe schreibt Schiller: „Es ist wirklich der Bemerkung wert, daß die Schlaffheit über ästhetische Dinge immer sich mit der moralischen Schlaffheit verbunden zeigt, und daß das reine, strenge Streben nach dem hohen Schönen, bei der höchsten Liberalität gegen alles was Natur ist, den Rigorismus im Moralischen bei sich führen wird.“

Die Entfremdung von der Natur empfand Schiller in

der Weltanschauung, in der ganzen Zeitkultur, innerhalb deren er lebte, so stark, daß er sie zum Gegenstande einer Betrachtung in dem Aufsatze „Über naive und sentimentalische Dichtung“ machte. Er vergleicht die Lebensansicht seiner Zeit mit derjenigen der Griechen und fragt sich: „Wie kommt es, daß wir, die in allem, was Natur ist, von den Alten so unendlich weit übertroffen werden, der Natur in einem höheren Grade huldigen, mit Innigkeit an ihr hangen und selbst die leblose Welt mit der wärmsten Empfindung umfassen können?“ Und er beantwortet diese Frage: „Daher kommt es, weil die Natur bei uns aus der Menschheit verschwunden ist und wir sie nur außerhalb dieser, in der unbeseelten Welt, in ihrer Wahrheit wieder antreffen. Nicht unsere größere Naturmäßigkeit, ganz im Gegenteil die Naturwidrigkeit unserer Verhältnisse, Zustände und Sitten treibt uns an, dem erwachenden Triebe nach Wahrheit und Simplizität, der, wie die moralische Anlage, aus welcher er fließet, unbestechlich und unaustilgbar in allen menschlichen Herzen liegt, in der physischen Welt eine Befriedigung zu verschaffen, die in der moralischen nicht zu hoffen ist. Deswegen ist das Gefühl, womit wir an der Natur hangen, dem Gefühle so nahe verwandt, womit wir das entflohene Alter der Kindheit und der kindlichen Unschuld beklagen. Unsere Kindheit ist die einzige unverstümmelte Natur, die wir in der kultivierten Menschheit noch antreffen, daher es kein Wunder ist, wenn uns jede Fußstapfe der Natur außer uns auf unsere Kindheit zurückführt“. Das war nun bei den Griechen ganz anders. Sie lebten ein Leben innerhalb des Natürlichen. Alles, was sie thaten, kam aus ihrem natürlichen Vorstellen, Fühlen und Empfinden heraus. Sie waren innig verbunden mit der Natur. Der moderne Mensch fühlt in seinem Wesen einen Gegensatz zur Natur. Da aber der Drang nach dieser Urmutter alles Daseins doch nicht ausgetilgt werden kann, so wird er sich in der modernen Seele in eine Sehnsucht nach der Natur, in ein Suchen derselben verwandeln. Der Grieche hatte Natur;

der Moderne sucht Natur. „So lange der Mensch noch reine, es versteht sich, nicht rohe Natur ist, wirkt er als ungeteilte sinnliche Einheit und als ein harmonierendes Ganze. Sinne und Vernunft, empfangendes und selbstthätiges Vermögen, haben sich in ihrem Geschäfte noch nicht getrennt, viel weniger stehen sie im Widerspruch mit einander. Seine Empfindungen sind nicht das formlose Spiel des Zufalls, seine Gedanken nicht das gehaltlose Spiel der Vorstellungskraft; aus dem Gesetz der Notwendigkeit gehen jene, aus der Wirklichkeit gehen diese hervor. Ist der Mensch in den Stand der Kultur getreten, und hat die Kunst ihre Hand an ihn gelegt, so ist jene sinnliche Harmonie in ihm aufgehoben und er kann nur noch als moralische Einheit, d. h. als nach Einheit strebend sich äußern. Die Übereinstimmung zwischen seinem Empfinden und Denken, die in dem ersten Zustande wirklich stattfand, existiert jetzt bloß idealisch; sie ist nicht mehr in ihm, sondern außer ihm, als ein Gedanke, der erst realisiert werden soll, nicht mehr als Thatsache seines Lebens.“ Die Grundstimmung des griechischen Geistes war naiv, die des modernen ist sentimentalisch; die Weltanschauung des ersten durfte daher realistisch sein. Denn er hatte das Geistige von dem Natürlichen noch nicht getrennt; die Natur schloß für ihn den Geist noch mit ein. Überließ er sich der Natur, so geschah es der geisterfüllten Natur gegenüber. Anders der Moderne. Er hat den Geist von der Natur losgelöst, in das graue Reich der Abstraktion erhoben. Gäbe er sich seiner Natur hin, so thäte er es der geistentblößten Natur gegenüber. Deshalb muß sein höchstes Streben dem Ideal zugewandt sein; durch das Streben nach diesem wird er Geist und Natur wieder versöhnen. In Goethes Geistesart fand nun Schiller etwas der griechischen Art Verwandtes. Goethe glaubte, seine Ideen und Gedanken mit Augen zu sehen, weil er die Wirklichkeit als ungetrennte Einheit von Geist und Natur empfand. Er hatte sich, nach Schillers Meinung, etwas erhalten, zu dem der sentimentalische Mensch erst wieder kommt, wenn er den

Gipfel seines Strebens erreicht. Und einen solchen Gipfel erklimmt er eben in dem von Schiller beschriebenen ästhetischen Zustand, in dem Sinnlichkeit und Vernunft ihren Einklang gefunden haben.

Diese Welt- und Lebensanschauung, die in Goethe auf naive Weise vorhanden, und nach der Schiller auf allen Umwegen des Denkens strebte, hat nicht das Bedürfnis nach jener allgemein gültigen Wahrheit, die in der Mathematik ihr Ideal erblickt; sie ist befriedigt von der anderen Wahrheit, die unserem Geiste sich aus dem unmittelbaren Verkehre mit der wirklichen Welt ergiebt. Die Erkenntnisse, die Goethe aus der Betrachtung der Kunstwerke in Italien schöpfte, waren gewiß nicht von jener unbedingten Sicherheit wie die Sätze der Mathematik. Dafür waren sie auch weniger abstrakt. Aber Goethe stand vor ihnen mit der Empfindung: Da ist Notwendigkeit, da ist Gott. Eine Wahrheit in dem Sinne, daß sie etwas anderes sei, als dasjenige, was sich auch in dem vollkommenen Kunstwerk offenbart, war für Goethe nicht vorhanden. Was die Kunst mit ihren technischen Mitteln: Ton, Marmor, Farbe, Rhythmus u. s. w. verkörpert, das ist demselben Wahrheitsquell entnommen, aus dem auch der Philosoph schöpft, der allerdings nicht die unmittelbar anschaulichen Mittel der Darstellung hat, sondern dem einzig und allein der Gedanke, die Idee selbst zur Verfügung steht. „Poesie deutet auf die Geheimnisse der Natur und sucht sie durchs Bild zu lösen. Philosophie deutet auf die Geheimnisse der Vernunft und sucht sie durchs Wort zu lösen", sagt Goethe. Aber die Vernunft und die Natur sind ihm zuletzt eine untrennbare Einheit, denen dieselbe Wahrheit zu Grunde liegt. Ein Erkenntnisstreben, das, von den Dingen losgelöst, in einer abstrakten Welt lebt, gilt ihm nicht als das höchste. „Das Höchste wäre, zu begreifen, daß alles Faktische schon Theorie ist." Die Bläue des Himmels offenbart uns das Grundgesetz der Farbenerscheinungen. „Man suche nur nichts hinter den Phänomenen; sie selbst sind die Lehre." Der Psychologe Heinroth bezeichnete in seiner Anthropologie das Denken, durch das Goethe zu seinen Einsichten in die naturgemäße Bildung der Pflanzen und Tiere gelangte, als „gegenständliches Denken". Er meinte damit, daß sich dieses Denken von den Gegenständen nicht sondere; daß die Gegenstände, die Anschauungen in inniger Durchdringung mit dem Denken stehen, daß Goethes Denken zugleich ein Anschauen, sein Anschauen zugleich ein Denken sei. Schiller ist ein feiner Beobachter und Schilderer dieser Geistesart geworden. Er schreibt über sie in einem Briefe an Goethe: „Ihr beobachtender Blick, der so still und rein auf den Dingen ruht, setzt Sie nie in Gefahr, auf den Abweg zu geraten, in den sowohl die Spekulation als die willkürliche und bloß sich selbst gehorchende Einbildungskraft sich so leicht verirrt. In Ihrer richtigen Intuition liegt alles und weit vollständiger, was die Analysis mühsam sucht, und nur, weil es als ein Ganzes in Ihnen liegt, ist Ihnen Ihr eigener Reichtum verborgen; denn leider wissen wir nur das, was wir scheiden. Geister Ihrer Art wissen daher selten, wie weit sie gedrungen sind, und wie wenig Ursache sie haben, von der Philosophie zu borgen, die nur von ihnen lernen kann." Für die Goethesche und Schillersche Weltanschauung ist Wahrheit nicht bloß innerhalb der Wissenschaft vorhanden, sondern auch innerhalb der Kunst. Goethes Meinung ist diese: „Ich denke, Wissenschaft könnte man die Kenntnis des Allgemeinen nennen, das abgezogene Wissen; Kunst dagegen wäre Wissenschaft zur That verwendet; Wissenschaft wäre Vernunft, und Kunst ihr Mechanismus, deshalb man sie auch praktische Wissenschaft nennen könnte. Und so wäre denn endlich Wissenschaft das Theorem, Kunst das Problem." Die Wechselwirkung des wissenschaftlichen Erkennens und des künstlerischen Gestaltens der Erkenntnis schildert Goethe: „Es ist offenbar, daß ein . . Künstler nur desto größer und entschiedener werden muß, wenn er zu seinem Talente noch ein unterrichteter Botaniker ist, wenn er von der Wurzel an den Einfluß der verschiedenen Teile auf das Gedeihen und das Wachstum der Pflanze, ihre Bestimmung und wechselseitigen Wirkungen erkennt, wenn er die successive Entwickelung der Blätter, Blumen, Befruchtung, Frucht und des neuen Keimes einsieht und überdenkt. Er wird alsdann nicht bloß durch die Wahl aus den Erscheinungen seinen Geschmack zeigen, sondern er wird uns auch durch eine richtige Darstellung der Eigenschaften zugleich in Verwunderung setzen." So waltet im künstlerischen Erzeugen die Wahrheit, denn der Kunststil ruht, nach dieser Auffassung, auf „den tiefsten Grundfesten der Erkenntnis, auf dem Wesen der Dinge, insofern uns erlaubt ist, es in sichtbaren und greiflichen Gestalten zu erkennen." Eine Folge dieser Ansicht über die Wahrheit und ihre Erkenntnis ist, daß man der Phantasie ihren Anteil beim Zustandekommen des Wissens zugestand und nicht bloß in dem abstrakten Verstand das einzige Erkenntnisvermögen sah. Die Vorstellungen, die Goethe seinen Betrachtungen über Pflanzen- und Tierbildung zu Grunde legte, waren nicht graue, abstrakte Gedanken, sondern aus der Phantasie heraus erzeugte sinnlich-übersinnliche Bilder. Nur das Beobachten mit Phantasie kann wirklich in das Wesen der Dinge führen, nicht die blutleere Abstraktion: dies ist Goethes Überzeugung. Er hebt es an Galilei hervor, daß dieser beobachtete als Genie, dem „ein Fall für tausend gilt", indem „er sich aus schwingenden Kirchenlampen die Lehre des Pendels und des Falles der Körper entwickelte". Die Phantasie schafft an dem einen Falle ein inhaltvolles Bild des Wesentlichen in den Erscheinungen; der abstrahierende Verstand kann nur aus der Kombination, Vergleichung und Berechnung der Erscheinungen eine allgemeine Regel ihres Verlaufes gewinnen. Dieser Glaube Goethes an die Erkenntnisfähigkeit der Phantasie ruht auf seiner ganzen Weltauffassung. Wer wie er das Naturwirken in allem sieht, der kann in dem geistigen Inhalt der menschlichen Phantasie auch nichts sehen als Naturprodukte. Die Phantasiebilder sind Naturprodukte; und da sie die Natur wiedergegeben, können sie nur die Wahrheit enthalten, denn sonst würde die Natur sich selbst mit diesen Abbildern belügen, die sie von sich schafft. Nur Menschen mit Phantasie können die höchste Stufe des Erkennens erreichen. Sie nennt Goethe die „Umfassenden" und „Anschauenden" im Gegensatz zu den bloß „Wißbegierigen", die auf einer niedrigeren Erkenntnisstufe stehen bleiben. „Die Wißbegierigen bedürfen eines ruhigen, uneigennützigen Blickes, einer neugierigen Unruhe, eines klaren Verstandes .; sie verarbeiten auch nur im wissenschaftlichen Sinne, was sie vorfinden." „Die Anschauenden verhalten sich schon produktiv, und das Wissen, indem es sich selbst steigert, fordert, ohne es zu bemerken, das Anschauen und geht dahin über; und so sehr sich auch die Wissenden vor der Imagination kreuzigen und segnen, so müssen sie doch, ehe sie sich versehen, die produktive Einbildungskraft zu Hilfe rufen . . Die Umfassenden, die man in einem stolzern Sinne die Erschaffenden nennen könnte, verhalten sich im höchsten Sinne produktiv; indem sie nämlich von Ideen ausgehen, sprechen sie die Einheit des Ganzen schon aus, und es ist gewissermaßen nachher die Sache der Natur, sich in diese Idee zu fügen." Wer an eine solche Erkenntnisart glaubt, dem kann es nicht beikommen, über die Eingeschränktheit der menschlichen Erkenntnis in Kantscher Weise zu sprechen. Denn das, wessen der Mensch als seine Wahrheit bedarf, das erlebt er in seinem Innern. Der Kern der Natur liegt im Innern des Menschen. Die Weltanschauung Goethes und Schillers verlangt garnicht von der Wahrheit, daß sie eine Wiederholung der Welterscheinungen in der Vorstellung sei, daß also die letztere im wörtlichen Sinne mit etwas außer dem Menschen übereinstimme. Das, was im Menschen erscheint, ist als solches, als Ideelles, als geistiges Sein, in keiner Außenwelt vorhanden; aber es ist dasjenige, was als Gipfel alles Werdens zuletzt erscheint. Deshalb braucht für diese Weltanschauung die Wahrheit nicht allen Menschen in der gleichen Gestalt zu erscheinen. Sie kann in jedem Einzelnen ein individuelles Gepräge tragen. Wer die Wahrheit in der Übereinstimmung mit einem

Äußeren sucht, für den giebt es nur eine Form derselben, und er wird mit Kant nach derjenigen „Metaphysik“ suchen, die allein „als Wissenschaft wird auftreten können“. Wer in der Wahrheit die höchste Frucht alles Daseins sieht, dasjenige, in dem das „Weltall, wenn es sich selbst empfinden könnte, als an sein Ziel gelangt, aufjauchzen und den Gipfel des eigenen Werdens und Wesens bewundern“ würde, der kann mit Goethe sagen: „Kenne ich mein Verhältnis zu mir selbst und zur Außenwelt, so heiß ich's Wahrheit. Und so kann jeder seine eigene Wahrheit haben, und es ist doch immer dieselbige.“ Nicht in dem, was uns die Außenwelt liefert, liegt das Wesen des Seins, sondern in dem, was der Mensch in sich erzeugt, ohne daß es schon in der Außenwelt vorhanden ist. Goethe wendet sich daher gegen diejenigen, die durch Instrumente und objektive Versuche in das sogenannte „Innere der Natur“ dringen wollen, denn „der Mensch an sich selbst, insofern er sich seiner gesunden Sinne bedient, ist der größte und genaueste physikalische Apparat, den es geben kann, und das ist eben das größte Unheil der neueren Physik, daß man die Experimente gleichsam vom Menschen abgesondert hat, und bloß in dem, was künstliche Instrumente zeigen, die Natur erkennen, ja, was sie leisten kann, dadurch beschränken und beweisen will.“ Dafür „steht ja aber der Mensch so hoch, daß sich das sonst Undarstellbare in ihm darstellt. Was ist denn eine Saite und alle mechanische Teilung derselben gegen das Ohr des Musikers? Ja, man kann sagen, was sind die elementaren Erscheinungen der Natur selbst gegen den Menschen, der sie alle bändigen und modifizieren muß, um sie sich einigermaßen assimilieren zu können“.

* * *

Der innige Bund, der durch Goethe, Schiller und ihre Zeitgenossen zwischen Dichtung und Weltanschauung geschlossen wurde, hat der letzteren im Anfange unseres Jahrhunderts das leblose Gepräge genommen, in das sie kommen muß, wenn sie sich allein in der Region des abstrahierenden Verstandes bewegt. Dieser Bund hat als sein Ergebnis den Glauben gezeitigt, daß es ein persönliches, ein individuelles Element in der Weltanschauung giebt. Der Mensch ist berechtigt, sich sein Verhältnis zur Welt seiner Eigenart gemäß zu schaffen. Sein Ideal braucht nicht das Kantsche, einer ein für allemal abgeschlossenen theoretischen Anschauung nach dem Muster der Mathematik zu sein. Nur aus der geistigen Atmosphäre einer solchen, die menschliche Individualität erhebenden Überzeugung kann eine Vorstellung wie diejenige Jean Pauls geboren werden: „Das Herz des Genies, welchem alle anderen Glanz- und Hilfskräfte nur dienen, hat und giebt ein echtes Kennzeichen, nämlich neue Welt- und Lebensanschauung." Wie könnte es das Kennzeichen des höchst entwickelten Menschen, des Genies, sein, eine neue Welt- und Lebensanschauung zu schaffen, wenn es nur eine wahre, allgemein gültige Weltanschauung gäbe, wenn die Wahrheit nur eine Gestalt hätte? Jean Paul ist auf seine Art ein Verteidiger der Goetheschen Ansicht, daß der Mensch im Innern die höchste Form des Daseins erlebt. Er schreibt an Jacobi: „Eigentlich glauben wir doch nicht die göttliche Freiheit, Gott, Tugend, sondern wir schauen sie wirklich als schon gegeben oder sich gebend, und dieses Schauen ist eben ein Wissen, und ein höheres, indes das Wissen des Verstandes sich bloß auf ein niederes Schauen bezieht. Man könnte die Vernunft das Bewußtsein des alleinigen Positiven nennen, denn alles Positive der Sinnlichkeit löst sich zuletzt in das der Geistigkeit auf, und der Verstand treibt sein Wesen ewig bloß mit dem Relativen, das an sich nichts ist, daher vor Gott das Mehr oder Minder und alle Vergleichungsstufen wegfallen." Das Recht, die Wahrheit im Innern zu erleben und dazu alle Seelenkräfte, nicht bloß den logischen Verstand in Bewegung setzen zu dürfen, will sich Jean Paul durch nichts rauben lassen. „Das Herz, die lebendige Wurzel des Menschen, soll mir die Transscendentalphilosophie nicht aus der Brust reißen und einen reinen Trieb der Ichheit an die Stelle setzen, ich lasse mich nicht befreien von der Abhängigkeit der Liebe, um allein durch Hochmut selig zu werden". So weist er die weltfremde moralische Ordnung Kants und Fichtes zurück. „Ich bleibe dabei, daß es, wie vier letzte, so vier erste Dinge gebe: Schönheit, Wahrheit, Sittlichkeit und Seligkeit, und daß die Synthese davon nicht nur notwendig, sondern auch schon gegeben sei, nur aber (und darum ist sie eben eine) in unfaßbarer geistig-organischer Einheit, ohne welche wir an diesen vier Evangelisten oder Weltteilen gar kein Verständnis und keinen Übergang finden können." Der nach äußerster logischer Strenge verfahrende Verstand war in Kant und Fichte so weit gekommen, die selbständige Bedeutung des Wirklichen, Lebensvollen zu einem bloßen Schein, zu einem Traumbild herabzusetzen. Diese Anschauung war für phantasievolle Menschen, die das Leben um die Gestalten ihrer Einbildungskraft bereicherten, unerträglich. Diese Menschen empfanden die Wirklichkeit, sie war in ihrem Wahrnehmen, in ihrer Seele gegenwärtig; und sie sollten sich deren bloße Traumhaftigkeit beweisen lassen. „Die Fenster der philosophischen Auditorien sind zu hoch, als daß sie auf die Gassen des wirklichen Lebens eine Aussicht gewähren", sagt daher Jean Paul.

Fichte strebte nach reinster, höchster Vernunftwahrheit. Er entsagte allem Wissen, das nicht aus dem eigenen Innern entspringt, weil nur aus diesem Gewißheit entspringen kann. Die Gegenströmung zu seiner Weltanschauung bildet die Romantik. Fichte läßt nur die Wahrheit gelten, und das Innere des Menschen nur insofern, als es die Wahrheit offenbart; die romantische Weltanschauung läßt nur das Innere gelten, und erklärt alles für wahrhaft wertvoll, was aus diesem Innern entspringt. Das Ich soll durch nichts Äußeres gefesselt sein. Alles, was es schafft, hat seine Berechtigung.

Man darf von der Romantik sagen, daß sie den Schillerschen Satz: „Der Mensch spielt nur, wo er in voller Bedeutung des Wortes Mensch ist, und er ist nur da ganz Mensch, wo er spielt" bis zu seinen äußersten Konsequenzen verfolgte. Sie will die ganze Welt zu einem Reich des Künstlerischen machen. Der vollentwickelte Mensch kennt keine andere Norm als die Gesetze, die er mit frei waltender Einbildungskraft ebenso schafft wie der Künstler diejenigen, die er seinem Werke einprägt. Er erhebt sich über alles, was ihn von außen bestimmt, und lebt ganz aus sich heraus. Die ganze Welt ist ihm nur ein Stoff für sein ästhetisches Spiel. Der Ernst des Alltagsmenschen ist ihm fremd. Er kann die Dinge nicht an sich ernst nehmen, denn sie sind ihm nicht an sich wertvoll. Er ist es vielmehr selbst, der ihnen einen Wert verleiht. Die Stimmung des Geistes, der sich dieser seiner Souveränität gegenüber den Dingen bewußt ist, nennen die Romantiker die ironische. Karl Wilhelm Ferdinand Solger (1780—1819) hat von der romantischen Ironie die Erklärung gegeben: „Es muß der Geist des Künstlers alle Richtungen in einem alles überschauenden Blick zusammenfassen, und diesen über Allem schwebenden, Alles vernichtenden Blick nennen wir Ironie." Friedrich Schlegel (1772—1829), einer der Stimmführer der romantischen Geistesrichtung, sagt von der ironischen Stimmung, daß sie „alles übersieht und sich über alles Bedingte unendlich erhebt, auch über eigene Kunst, Tugend oder Genialität". Wer in dieser Stimmung lebt, fühlt sich durch nichts gebunden; nichts bestimmt ihm die Richtung seines Thuns. Er kann „nach Belieben philosophisch oder philologisch, kritisch oder poetisch, historisch oder rhetorisch, antik oder modern sich stimmen". Der ironische Geist lächelt über eine Wahrheit, die sich von der Logik fesseln lassen will; er lächelt aber auch über eine ewige, moralische Weltordnung. Denn nichts sagt ihm, was er thun soll, als allein er selbst. Was ihm gefällt, soll der Ironiker thun; denn seine Sittlichkeit kann nur eine ästhetische sein. Die Romantiker sind die Erben des Fichteschen Gedankens von der Einzigkeit des Ich. Aber sie wollten dieses Ich nicht mit Vernunftideen und mit einem moralischen Glauben erfüllen wie jener, sondern beriefen sich vor allem auf die freieste, durch nichts gebundene Seelenkraft, auf die Phantasie. Das Denken wurde bei ihnen völlig von dem Dichten aufgesogen. Novalis, der liebenswürdigste der Romantiker, sagt: „Es ist recht übel, daß die Poesie einen besonderen Namen hat und die Dichter eine besondere Zunft ausmachen. Es ist gar nichts Besonderes. Es ist die eigentümliche Handlungsweise des menschlichen Geistes. Dichtet und trachtet nicht jeder Mensch in jeder Minute?“ Das allein mit sich beschäftigte Ich kann zu der höchsten Wahrheit kommen: „es dünkt dem Menschen, als sei er in einem Gespräch begriffen und irgend ein unbekanntes geistiges Wesen veranlasse ihn auf eine wunderbare Weise zur Entwickelung der evidentesten Gedanken“. Im Grunde wollten die Romantiker nichts anderes, als was auch Goethe und Schiller zu ihrem Bekenntnis gemacht haben: eine Ansicht über den Menschen, die diesen so vollkommen, so frei wie möglich erscheinen läßt. Aber diese haben ihre Anschauungen aus festen, unerschütterlichen Grundlagen heraus erwachsen lassen. Schiller ist durch unablässiges philosophisches Denken, Goethe durch die Erforschung der Natur in ihrer Gesetzmäßigkeit zu einem freien Lebensstil aufgestiegen.

Schiller kannte die Tragweite der Vernunftnotwendigkeit, als er von dem wahren Menschen verlangte, daß er sich von ihr befreien solle; und Goethe konnte sich zum Kultus der Schönheit bekennen, denn für ihn waren die höchsten Kunstwerke nach wahren, notwendigen Gesetzen der Natur gebildet. Die Romantiker sprangen aber gleichsam mit einem Satze in das Land der ästhetischen Freiheit hinein; sie eroberten es sich nicht mühsam, sondern erklärten sich durch Machtsprüche zu seinem Besitzer. Auch Goethe hat sein Ideal von Pflicht darin gesehen, daß man „liebt, was man sich selbst befiehlt“. Aber er war unablässig bemüht, nur im Sinne der tiefsten Grundlagen des Erkennens das Wahre zu suchen. Und auf diesem Wege strebte er auch nach der wahren Kunst.

Die Klassiker der Welt- und Lebensanschauung.

Wie ein Lichtblitz, der innerhalb der Weltanschauungsentwickelung erhellend nach rückwärts und vorwärts wirkt, erscheint ein Satz, den Friedrich Wilhelm Joseph Schelling (1775—1854) in seiner „Naturphilosophie" ausgesprochen hat: „Über die Natur philosophieren heißt soviel als die Natur schaffen". Wovon Goethe und Schiller durchdrungen waren: daß die produktive Phantasie ihren Anteil bei Erschaffung der Weltanschauung haben müsse, dem giebt dieser Satz einen monumentalen Ausdruck. Was die Natur uns freiwillig giebt, wenn wir sie beobachten, anschauen, wahrnehmen: das enthält nicht ihren tiefsten Sinn. Diesen Sinn kann der Mensch nicht von außen aufnehmen. Er muß ihn schaffen.

Zu solchem Schaffen war Schellings Geist besonders veranlagt. Bei ihm strebten alle Geisteskräfte nach der Phantasie hin. Er ist ein erfinderischer Kopf ohne gleichen. Aber seine Einbildungskraft bringt nicht Bilder hervor, wie die künstlerische, sondern Begriffe und Ideen. Durch diese seine Geistesart war er dazu berufen, die Gedankengänge Fichtes fortzusetzen. Dieser besaß die produktive Phantasie nicht. Er war mit seiner Wahrheitsforderung bis zum seelischen Centrum des Menschen gelangt, bis zum „Ich". Wenn dieses der Quellpunkt sein soll für die Weltanschauung, so muß derjenige, der auf diesem Standpunkte steht, auch in der Lage sein, vom Ich aus zu inhaltvollen Gedanken über die Welt und das Leben zu gelangen.

Das kann nur mit Hilfe der Einbildungskraft geschehen. Sie stand Fichte nicht zu Gebote. Deshalb blieb er im Grunde sein ganzes Leben lang dabei stehen, auf das Ich hinzudeuten und zu sagen, wie es einen Inhalt an Gedanken gewinnen müsse; aber er wußte ihm selbst keinen solchen zu geben. Wir ersehen dies klar aus den Vorlesungen, die er 1813 an der Berliner Universität über „Wissenschaftslehre" gehalten hat (Nachgelassene Werke. 1. Band). Er fordert da für denjenigen, der zu einer Weltanschauung kommen will „ein ganz neues inneres Sinneswerkzeug, durch welches eine neue Welt gegeben wird, die für den gewöhnlichen Menschen gar nicht vorhanden ist". Aber Fichte kommt nicht über diese Forderung eines neuen Sinnes hinaus. Was ein solcher Sinn wahrnehmen soll, das entwickelt er nicht. Schelling sieht in den Gedanken, die ihm seine Phantasie vor die Seele stellt, die Ergebnisse dieses höheren Sinnes, den er intellektuelle Anschauung nennt. Ihn, der also in dem, was der Geist über die Natur aussagt, ein Erzeugnis sieht, das der Geist schafft, mußte vor allen Dingen die Frage interessieren: Wie kann das, was aus dem Geiste stammt, doch die wirkliche, in der Natur waltende Gesetzmäßigkeit sein? Er wendet sich mit scharfen Ausdrücken gegen diejenigen, welche glauben, daß wir unsere Ideen „auf die Natur nur übertragen", denn „sie haben keine Ahnung davon, was uns die Natur ist und sein soll, . . . denn wir wollen nicht, daß die Natur mit den Gesetzen unseres Geistes zufällig (etwa durch Vermittelung eines Dritten) zusammentreffe, sondern, daß sie selbst notwendig und ursprünglich die Gesetze unseres Geistes — nicht nur ausdrücke, sondern selbst realisiere und daß sie nur insofern Natur sei und Natur heiße, als sie dies thäte . . Die Natur soll der sichtbare Geist, der Geist die unsichtbare Natur sein. Hier also, in der absoluten Identität des Geistes in uns und der Natur außer uns, muß sich das Problem, wie eine Natur außer uns möglich sei, auflösen". Natur und Geist sind also überhaupt nicht zwei verschiedene Wesenheiten, sondern eine und dieselbe Wesenheit in zwei verschiedenen Formen. Die eigentliche Meinung Schellings über diese Einheit von Natur und Geist ist selten richtig erfaßt worden. Man muß sich ganz in seine Vorstellungsart versetzen, wenn man darunter nicht eine Trivialität oder eine Absurdität verstehen will. Hier soll, um diese Vorstellungsart zu verdeutlichen, auf einen Satz in seinem Buche „Von der Weltseele“ hingewiesen werden, in dem er sich über die Natur der Schwerkraft ausspricht. Viele sehen eine Schwierigkeit in diesem Begriffe, weil er eine sogenannte „Wirkung in die Ferne“ voraussetzt. Die Sonne wirkt anziehend auf die Erde, trotzdem nichts zwischen Sonne und Erde ist, was diese Anziehung vermittelt. Man muß sich denken, daß die Sonne durch den Raum hindurch ihre Wirkungssphäre auf Orte ausdehnt, an denen sie nicht ist. Diejenigen, die in grobsinnlichen Vorstellungen leben, sehen in einem solchen Gedanken eine Schwierigkeit. Wie kann ein Körper da wirken, wo er nicht ist? Schelling kehrt den ganzen Gedankenprozeß um. Er sagt: „Es ist sehr wahr, daß ein Körper nur da wirkt, wo er ist, aber es ist eben so wahr, daß er nur da ist, wo er wirkt.“ Wenn wir die Sonne durch die Anziehungskraft auf unsere Erde wirken sehen, so folgt daraus, daß sie sich in ihrem Sein bis auf unsere Erde erstreckt und daß wir kein Recht haben, ihr Dasein nur an den Ort zu versetzen, an dem sie durch ihre Sichtbarkeit wirkt. Die Sonne geht mit ihrem Sein über die Grenzen hinaus, innerhalb deren sie sichtbar ist; nur einen Teil ihres Wesens sieht man; der andere giebt sich durch die Anziehung zu erkennen. So ungefähr müssen wir uns auch das Verhältnis des Geistes zur Natur denken. Der Geist ist nicht nur da, wo er wahrgenommen wird, sondern auch da, wo er wahrnimmt. Sein Wesen erstreckt sich bis an die fernsten Orte, an denen er noch Gegenstände beobachten kann. Er umspannt und durchdringt die ganze ihm bekannte Natur. Wenn er das Gesetz eines äußeren Vorganges denkt, so bleibt dieser Vorgang nicht außen liegen, und der Geist nimmt bloß ein Spiegelbild auf, sondern dieser strömt sein Wesen in den Vorgang hinein; er durchdringt den Vorgang, und wenn er dann das Gesetz desselben findet, so spricht nicht er es in seinem abgesonderten Gehirnwinkel aus; sondern das Gesetz spricht sich selbst aus. Der Geist ist dorthin gegangen, wo das Gesetz wirkt. Hätte er es nicht beachtet, so hätte es auch gewirkt; aber es wäre nicht ausgesprochen worden. Da der Geist in den Vorgang gleichsam hineinkriecht, so wird das Gesetz auch noch außerdem, daß es wirkt, als Idee, als Begriff ausgesprochen. Nur, wenn der Geist auf die Natur keine Rücksicht nimmt, und sich selbst anschaut, dann kommt es ihm vor, als wenn er abgesondert von der Natur wäre, wie es dem Auge vorkommt, daß die Sonne innerhalb eines gewissen Raumes eingeschlossen ist, wenn davon abgesehen wird, daß sie auch da ist, wo sie durch Anziehung wirkt. Lasse ich also in meinem Geiste die Ideen entstehen, die Naturgesetze ausdrücken, so ist ebenso wahr, wie die eine Behauptung: daß ich die Natur schaffe, die andere: daß sich in mir die Natur selbst schafft.

Nun giebt es zwei Möglichkeiten, das eine Wesen, das Geist und Natur zugleich ist, zu beschreiben. Die eine ist: ich zeige die Naturgesetze auf, die in Wirklichkeit thätig sind. Oder ich zeige, wie der Geist es macht, um zu diesen Gesetzen zu kommen. Beide male leitet mich eines und dasselbe. Das eine mal zeigt mir die Gesetzmäßigkeit, wie sie in der Natur wirksam ist; das andere mal zeigt mir der Geist, was er beginnt, um sich dieselbe Gesetzmäßigkeit vorzustellen. In dem einen Falle treibe ich Natur-, in dem anderen Geisteswissenschaft. Wie diese beiden zusammengehören, beschreibt Schelling in anziehender Weise: „Die notwendige Tendenz aller Naturwissenschaft ist, von der Natur aufs Intelligente zu kommen. Dies und nichts anderes liegt dem Bestreben zu Grunde, in die Naturerscheinungen Theorie zu bringen. Die höchste Vervollkommnung der Naturwissenschaft wäre die vollkommene Vergeistigung aller Naturgesetze zu Gesetzen des Anschauens und des Denkens. Die Phänomene (das Materielle) müssen völlig verschwinden und nur die Gesetze (das Formelle) bleiben. Daher kommt es, daß, je mehr in der Natur selbst das Gesetzmäßige hervorbricht, desto mehr die Hülle verschwindet, die Phänomene selbst geistiger werden und zuletzt völlig aufhören. Die optischen Phänomene sind nichts Anderes als eine Geometrie, deren Linien durch das Licht gezogen werden, und dieses Licht selbst ist schon zweideutiger Materialität. In den Erscheinungen des Magnetismus verschwindet schon alle materielle Spur, und von den Phänomenen der Schwerkraft, welche selbst Naturforscher nur als unmittelbar geistige Einwirkung — Wirkung in die Ferne — begreifen zu können glaubten, bleibt nichts zurück als ihr Gesetz, dessen Ausführung im Großen der Mechanismus der Himmelsbewegungen ist. Die vollendete Theorie der Natur würde diejenige sein, kraft welcher die ganze Natur sich in eine Intelligenz auflöste. Die toten und bewußtlosen Produkte der Natur sind nur mißlungene Versuche der Natur, sich selbst zu reflektieren, die sogenannte tote Natur aber überhaupt eine unreife Intelligenz, daher in ihren Phänomenen noch bewußtlos schon der intelligente Charakter durchblickt. Das höchste Ziel, sich selbst ganz Objekt zu werden, erreicht die Natur erst durch die höchste und letzte Reflexion, welche nichts anderes als der Mensch, oder allgemeiner das ist, was wir Vernunft nennen, durch welche zuerst die Natur vollständig in sich selbst zurückkehrt, und wodurch offenbar wird, daß die Natur ursprünglich identisch ist mit dem, was in uns als Intelligentes und Bewußtes erkannt wird."

In ein kunstvolles Netz von Gedanken spann Schelling die Thatsachen der Natur ein, so daß alle ihre Erscheinungen wie ein idealer harmonischer Organismus vor seiner schaffenden Phantasie standen. Er war beseelt von dem Gefühl, daß die Ideen, die in seiner Phantasie erscheinen, auch die wahren schöpferischen Kräfte der Naturvorgänge seien. Geistige Kräfte liegen also der Natur zu Grunde; und was unseren Augen als tot und leblos erscheint, das stammt ursprünglich aus Geistigem. Wenn wir unseren Geist darauf richten, dann legen wir die Ideen, das Geistige der Natur frei. So sind für uns, im Sinne Schellings, die Naturdinge Offenbarungen des Geistes, hinter deren äußerer Hülle er sich gleichsam verbirgt. In unserm eigenen Innern zeigt er sich dann in seiner richtigen Gestalt. Wir wissen dadurch, was Geist ist, und können deshalb auch den in der Natur verborgenen Geist wieder finden. Die Art, wie Schelling die Natur als Geist in sich wieder erstehen läßt, hat etwas Verwandtes mit derjenigen, die Goethe bei dem vollkommenen Künstler anzutreffen glaubt. Dieser verfährt, nach Goethes Meinung, bei dem Hervorbringen der Kunstwerke wie die Natur bei ihren Schöpfungen. Wir hätten also in dem Schaffen des Künstlers denselben Vorgang vor uns, durch den auch alles dasjenige entstanden ist, was in der äußeren Natur vor uns ausgebreitet liegt. Was die Natur unseren Blicken entzieht, das stellt sich uns in dem künstlerischen Schaffen wahrnehmbar dar. Die Natur zeigt uns nur die fertigen Werke; wie sie es gemacht hat, um sie fertig zu bringen: das müssen wir aus diesen Werken erraten Wir haben die Geschöpfe vor uns, nicht den Schöpfer. Beim Künstler nehmen wir Schöpfung und Geschöpf zugleich wahr. Schelling will nun durch die Erzeugnisse der Natur zu ihrem Schaffen durchdringen; er versetzt sich in die schaffende Natur hinein und läßt sie in seiner Seele so entstehen, wie der Künstler sein Kunstwerk entstehen läßt. Was sind also, der Meinung Schellings nach, die Gedanken, die seine Weltanschauung enthält? Es sind die Ideen des schaffenden Naturgeistes. Was den Dingen vorangegangen ist und sie geschaffen hat, das taucht im einzelnen Menschengeiste als Gedanke auf. Es verhält sich dieser Gedanke zu seinem ursprünglichen wirklichen Dasein so, wie sich das Erinnerungsbild an ein Erlebnis zu diesem Erlebnis selbst verhält. So wird die menschliche Wissenschaft für Schelling zu einem Erinnerungsbilde an die vor den Dingen schaffenden geistigen Vorbilder. Ein göttlicher Geist hat die Welt geschaffen; er schafft zuletzt auch noch die Menschen, um sich in ihren Seelen ebenso viele Werkzeuge zu bilden, durch die er sich an sein Schaffen erinnern kann. Schelling fühlt sich also, wenn er sich der Betrachtung der Welterscheinungen hingiebt, gar nicht als Einzelwesen. Er erscheint sich wie ein Teil, ein Glied Gottes. Er denkt nicht, sondern Gott denkt in ihm. Gott beschaut in ihm seine eigene schöpferische Thätigkeit.

In dem Hervorbringen des Kunstwerkes erblickt Schelling eine Weltschöpfung im kleinen; in der denkenden Betrachtung der Dinge eine Erinnerung an die Weltschöpfung im großen. In der Weltanschauung treten die Ideen selbst in unserem Geiste auf, die den Dingen zu Grunde liegen und sie hervorgebracht haben; wir lassen aus der Welt alles weg, was die Sinne über sie aussagen, und behalten nur dasjenige, was das reine Denken liefert. Im Schaffen und Genießen des Kunstwerkes tritt die innige Durchdringung der Idee mit dem, was den Sinnen sich offenbart, auf. Für Schellings Ansicht stehen also Natur, Kunst und Weltanschauung (Philosophie) einander so gegenüber, daß die Natur die fertigen, äußeren Erzeugnisse darbietet, die Weltanschauung die erzeugenden Ideen, die Kunst beides in harmonischem Zusammenwirken. Die künstlerische Thätigkeit steht in der Mitte zwischen der schaffenden Natur, die hervorbringt, ohne von den Ideen zu wissen, auf Grund deren sie schafft, und dem denkenden Geiste, der diese Ideen weiß, ohne mit ihrer Hilfe auch die Dinge schaffen zu können. Schelling drückt dies in dem Satze aus: „Die idealische Welt der Kunst und die reelle der Objekte sind also Produkte einer und derselben Thätigkeit; das Zusammentreffen beider (der bewußten und bewußtlosen) ohne Bewußtsein giebt die wirkliche, mit Bewußtsein die ästhetische Welt. Die objektive Welt ist nur die ursprüngliche, noch bewußtlose Poesie des Geistes, das allgemeine Organon der Philosophie — und der Schlußstein ihres ganzen Gewölbes — die Philosophie der Kunst."

Die geistigen Thätigkeiten des Menschen: denkende Betrachtung der Welt und künstlerisches Schaffen, erscheinen Schelling nicht nur als individuelle Verrichtungen der Einzelpersönlichkeit, sondern, wenn sie in ihrer höchsten Bedeutung erfaßt werden, zugleich als Verrichtungen des Urwesens, Gottes. In wahrhaft dithyrambischen Sätzen schildert Schelling das Gefühl, das in der Seele auflebt, wenn sie gewahr wird, daß ihr Leben nicht bloß ein individuelles, auf einen Punkt des Universums beschränktes ist, sondern, daß ihr Thun ein göttlich-allgemeines ist. Wenn sie sagt: ich weiß, ich erkenne, so heißt das, in höherem Sinne, Gott erinnert sich an sein Thun vor dem Dasein der Dinge; und wenn sie ein Kunstwerk hervorbringt, so heißt das: Gott wiederholt im kleinen dasselbe, was er bei der Schöpfung des Naturganzen im großen vollbracht hat. „Die Seele ist also im Menschen nicht das Prinzip der Individualität, sondern das, wodurch er sich über alle Selbstheit erhebt, wodurch er der Aufopferung seiner selbst, uneigennütziger Liebe, und, was das Höchste ist, der Betrachtung und Erkenntnis des Wesens der Dinge, eben damit der Kunst fähig wird. Sie ist nicht mehr mit der Materie beschäftigt, noch verkehrt sie unmittelbar mit ihr, sondern nur mit dem Geist, als dem Leben der Dinge. Auch im Körper erscheinend, ist sie dennoch frei von dem Körper, dessen Bewußtsein in ihr, in den schönsten Bildungen, nur wie ein leichter Traum schwebt, von dem sie nicht gestört wird. Sie ist keine Eigenschaft, kein Vermögen, oder irgend etwas der Art insbesondere; sie weiß nicht, sondern sie ist die Wissenschaft, sie ist nicht gut, sondern sie ist die Güte, sie ist nicht schön, wie es auch der Körper sein kann, sondern sie ist die Schönheit selber." (Über das Verhältnis der bildenden Künste zur Natur.)

Eine solche Vorstellungsart klingt an die deutsche Mystik an, die einen Repräsentanten in Jacob Böhme (1575—1624) hatte. Schelling genoß in München, wo er 1806—1841 mit kurzen Unterbrechungen war, den anregenden Umgang mit Franz Benedikt Baader, dessen philosophische Ideen sich ganz in der Richtung jener älteren Lehre bewegten. Dies ist die Veranlassung, daß er sich selbst in diese Gedankenwelt einlebte; die ganz auf dem Gesichtspunkte stand, auf dem er selbst mit seinem Denken angelangt war. Wenn man die oben angeführten Aussprüche aus der Rede „Über das Verhältnis der bildenden Künste zur Natur" liest, die er 1807 in der königlichen Akademie der Wissenschaften in München gehalten hat, so wird man erinnert an Jacob Böhmes Anschauung: „Wenn du die Tiefe und die Sterne und die Erde ansiehest, so siehest du deinen Gott, und in demselben lebest und bist du auch, und derselbe Gott regiert dich auch .... du bist aus diesem Gott geschaffen und lebst in demselben; auch stehet alle deine Wissenschaft in diesem Gott und wenn du stirbest, so wirst du in diesem Gott begraben."

Mit seinem fortschreitenden Denken wurde für Schelling die Weltbetrachtung zur Gottesbetrachtung oder Theosophie. Vollständig stand er schon auf dem Boden einer solchen Gottesbetrachtung, als er 1809 seine „Philosophischen Untersuchungen über das Wesen der menschlichen Freiheit und die damit zusammenhängenden Gegenstände" herausgab. Alle Weltanschauungsfragen rückten sich ihm jetzt in ein neues Licht. Wenn alle Dinge göttlich sind: wie kommt es, daß es Böses in der Welt giebt, da Gott doch nur die vollkommene Güte sein kann? Wenn die Seele des Menschen in Gott ist: wie kommt es, daß sie doch ihre selbstsüchtigen Interessen verfolgt? Und wenn Gott es ist, der in mir handelt: wie kann ich, der ich also gar nicht als selbständiges Wesen handle, dennoch frei genannt werden?

Durch Gottesbetrachtung, nicht mehr durch Weltbetrachtung sucht Schelling diese Fragen zu beantworten. Es wäre Gott vollkommen unangemessen, wenn er eine Welt von Wesen schaffen würde, die er als unselbständige fortwährend leiten und lenken müßte. Vollkommen ist Gott nur, wenn er eine Welt schaffen kann, die ihm selbst an Vollkommenheit ganz gleich ist. Ein Gott, der nur solches hervorbringen kann, das unvollkommener als er selbst ist, der ist selbst unvollkommen. Gott hat daher in den Menschen Wesen geschaffen, die nicht seiner Führung bedürfen, sondern die selbst frei sind und unabhängig wie er. Ein Wesen, das aus einem anderen seinen Ursprung hat, braucht deshalb nicht von diesem auch abhängig zu sein. Denn es ist kein Widerspruch, daß der, welcher der Sohn eines Menschen ist, selbst Mensch ist. Wie das Auge, das nur im Ganzen des Organismus möglich ist, nichtsdestoweniger ein unabhängiges Eigenleben für sich hat, so auch die Einzelseele, die zwar in Gott begriffen, aber deshalb doch nicht durch ihn wirksam ist gleich dem Glied an einer Maschine. „Gott ist nicht ein Gott der Toten, sondern der Lebendigen. Es ist nicht einzusehen, wie das allervollkommenste Wesen auch an der möglich vollkommensten Maschine seine Lust fände. Wie man auch die Art und Folge der Wesen aus Gott sich denken möge, nie kann sie eine mechanische sein, kein bloßes Bewirken oder Hinstellen, wobei das Bewirkte nichts für sich selbst ist; eben so wenig Emanation, wobei das Ausfließende dasselbe bliebe mit dem, wovon es ausgeflossen, also nichts Eigenes, Selbstständiges. Die Folge der Dinge aus Gott ist eine Selbstoffenbarung Gottes. Gott aber kann nur sich offenbar werden in dem, was ihm ähnlich ist, in freien, aus sich selbst handelnden Wesen; für deren Sein es keinen Grund giebt als Gott, die aber sind, so wie Gott ist.“ Wäre Gott ein Gott des Toten und alle Welterscheinungen nur ein Mechanismus, dessen Vorgänge auf ihn als ihren Beweger und Urgrund zurückzuführen wären, so brauchte man nur die Thätigkeit Gottes zu beschreiben, und man hätte alles innerhalb der Welt begriffen. Man könnte aus Gott heraus alle Dinge und ihre Thätigkeit verstehen. Das ist aber nicht der Fall. Die göttliche Welt hat Selbständigkeit. Gott hat sie geschaffen, aber sie hat ihr eigenes Wesen. So ist sie göttlich; aber das Göttliche erscheint innerhalb einer Wesenheit, die von Gott unabhängig ist, innerhalb eines Nichtgöttlichen. Sowie das Licht aus der Dunkelheit heraus geboren ist, so die göttliche Welt aus dem ungöttlichen Dasein. Und aus dem Ungöttlichen stammt das Böse, stammt das Selbstsüchtige. Gott hat also die Gesamtheit der Wesen nicht in seiner Gewalt; er kann ihnen das Licht geben; sie selbst aber tauchen aus der dunklen Nacht empor. Sie sind die Söhne dieser Nacht. Und was an ihnen Dunkelheit ist, über das hat Gott keine Macht. Sie müssen sich durch Nacht zum Licht emporarbeiten. Das ist ihre Freiheit. Man kann auch sagen, die Welt ist Gottes Schöpfung aus dem Ungöttlichen heraus. Das Ungöttliche ist also das Erste und das Göttliche erst das Zweite.

Zuerst hat Schelling die Ideen in allen Dingen gesucht, also ihr Göttliches. Dadurch hat sich für ihn die ganze Welt in eine Offenbarung Gottes verwandelt. Er mußte dann aber vom Göttlichen zum Ungöttlichen vorschreiten, um das Unvollkommene, das Böse, das Selbstsüchtige zu begreifen. Jetzt wurde der ganze Werdeprozeß der Welt für ihn eine fortschreitende Überwindung des Ungöttlichen durch das Göttliche. Der einzelne Mensch nimmt aus Ungöttlichem seinen Ursprung. Er arbeitet sich aus diesem heraus zur Göttlichkeit durch. Auch im Verlauf der Geschichte können wir den Fortgang vom Ungöttlichen zum Göttlichen beobachten. Das Ungöttliche war ursprünglich das Herrschende in der Welt. Im Altertum überließen sich die Menschen ihrer Natur. Sie handelten naiv aus Selbstsucht. Die griechische Kultur steht auf diesem Boden. Es war das Zeitalter, da der Mensch im Bunde mit der Natur lebte, oder, wie Schiller in dem Aufsatz „Über naive und sentimentalische Dichtung“ sich ausdrückte, Natur selbst war, sie deshalb noch nicht suchte. Mit dem Christentum verschwindet dieser Unschuldszustand der Menschheit. Die bloße Natur wird als das Ungöttliche angesehen, das Böse wird dem Göttlichen, dem Guten entgegengesetzt. Christus erscheint, um das Licht des Göttlichen innerhalb der Nacht des Ungöttlichen erscheinen zu lassen. Dies ist der Moment, wo „die Erde zum zweitenmale wüst und leer wird“, derjenige „der Geburt des höheren Lichts des Geistes“, das

„von Anbeginn in der Welt war, aber unbegriffen von der für sich wirkenden Finsternis; und in annoch verschlossener und eingeschränkter Offenbarung; und zwar erscheint es, um dem persönlichen und geistigen Bösen entgegenzutreten, ebenfalls in persönlicher, menschlicher Gestalt, und als Mittler, um den Rapport der Schöpfung mit Gott auf der höchsten Stufe wieder herzustellen. Denn nur Persönliches kann Persönliches heilen, und Gott muß Mensch werden, damit der Mensch wieder zu Gott komme".

Der Spinozismus ist eine Weltanschauung, die in Gott den Grund alles Weltgeschehens sucht, und aus diesem Grunde alle Vorgänge nach ewigen, notwendigen Gesetzen ableitet, wie die mathematischen Wahrheiten aus den Grundsätzen abgeleitet werden. Eine solche Weltanschauung genügte Schelling nicht. Wie Spinoza glaubte auch er daran, daß alle Wesen in Gott seien; aber sie sind, nach seiner Meinung, nicht durch Gott allein bestimmt, sondern es ist das Ungöttliche in ihnen. Er wirft Spinoza die „Leblosigkeit seines Systems, die Gemütlosigkeit der Form vor, die Dürftigkeit der Begriffe und Ausdrücke, das unerbittlich Herbe der Bestimmungen, das sich mit der abstrakten Betrachtungsweise vortrefflich verträgt". Schelling findet daher Spinozas „mechanische Naturansicht" ganz folgerichtig. Aber die Natur zeige keineswegs diese Folgerichtigkeit. „Die ganze Natur sagt uns, daß sie keineswegs vermöge einer bloß geometrischen Notwendigkeit da ist, es ist nicht lautere, reine Vernunft in ihr, sondern Persönlichkeit und Geist, sonst hätte der geometrische Verstand, der so lange geherrscht hat, sie längst durchdringen und sein Idol allgemeiner und ewiger Naturgesetze mehr bewahrheiten müssen, als es bis jetzt geschehen ist, da er vielmehr das irrationale Verhältnis der Natur zu sich täglich mehr erkennen muß." Wie der Mensch nicht bloß Verstand und Vernunft ist, sondern noch andere Vermögen und Kräfte in sich vereinigt, so soll, im Sinne Schellings, dies auch bei dem göttlichen Urwesen der Fall sein. Ein Gott, der lautere, reine Vernunft ist, erscheint wie personifizierte Mathematik; ein Gott dagegen, der bei seinem Weltschaffen nicht nach der reinen Vernunft verfahren kann, sondern fortwährend mit dem Ungöttlichen zu kämpfen hat, kann als „ein ganz persönliches, lebendiges Wesen angesehen werden“. Sein Leben hat die größte Analogie mit dem menschlichen. Wie der Mensch das Unvollkommene in sich zu überwinden sucht und einem Ideal der Vollkommenheit nachstrebt: so wird ein solcher Gott, als ein ewig kämpfender, vorgestellt, dessen Thätigkeit die fortschreitende Überwindung des Ungöttlichen ist. Spinozas Gott vergleicht Schelling den „ältesten Bildern der Gottheiten, die, je weniger individuell-lebendige Züge aus ihnen sprachen, desto geheimnisvoller erschienen“. Schelling giebt seinem Gotte immer individuellere Züge. Er schildert ihn wie einen Menschen, wenn er sagt: „Bedenken wir das Schreckliche in der Natur und Geisterwelt und das weit Mehrere, das eine wohlwollende Hand uns zuzudecken scheint, dann können wir nicht zweifeln, daß die Gottheit über einer Welt der Schrecken throne, und Gott nach dem, was in ihm und durch ihn verborgen ist, nicht im uneigentlichen, sondern im eigentlichen Sinn der Schreckliche, der Fürchterliche heißen könne“.

Einen solchen Gott konnte Schelling nicht mehr so betrachten, wie Spinoza seinen Gott betrachtet hat. Ein Gott, der alles aus sich heraus nach Vernunftgesetzen bestimmt, kann auch mit der Vernunft durchschaut werden. Ein persönlicher Gott, wie ihn Schelling in seiner späteren Zeit vorstellte, ist unberechenbar. Denn er handelt nicht nach der Vernunft allein. Bei einem Rechenexempel können wir das Ergebnis durch bloßes Denken vorausbestimmen; bei dem handelnden Menschen nicht. Bei ihm müssen wir abwarten, zu welcher Handlung er sich in einem gegebenen Augenblicke entschließen wird. Die Erfahrung muß zu dem Vernunftwissen hinzutreten. Die reine Vernunftwissenschaft genügte daher Schelling nicht zur Welt- oder Gottesanschauung. Alles aus der Vernunft gewonnene nennt er daher ein negatives Wissen, das durch ein positives ergänzt werden muß. Wer den lebendigen Gott erkennen will, darf sich nicht bloß den notwendigen Vernunftschlüssen überlassen; er muß sich mit seiner ganzen Persönlichkeit versenken in das Leben Gottes. Dann wird er erfahren, was ihm keine Schlüsse, keine reine Vernunft geben können. Die Welt ist nicht eine notwendige Wirkung der göttlichen Ursache, sondern eine freie That des persönlichen Gottes. Was Schelling nicht durch vernünftige Betrachtung erkannt, sondern als freie, unberechenbare Thaten Gottes erschaut zu haben glaubte, das hat er in seiner „Philosophie der Offenbarung" und seiner „Philosophie der Mythologie" dargelegt. Beide Werke hat er nicht mehr selbst veröffentlicht, sondern ihren Inhalt nur den Vorlesungen zu Grunde gelegt, die er an der Universität zu Berlin gehalten hat, nachdem ihn Friedrich Wilhelm IV. in die preußische Hauptstadt berufen hatte. Sie sind erst nach Schellings Tode (1854) veröffentlicht worden.

Mit solchen Anschauungen hat Schelling sich als den kühnsten und mutigsten derjenigen Philosophen erwiesen, die sich von Kant zu einer idealistischen Weltanschauung haben anregen lassen. Das Philosophieren über Dinge, die jenseits dessen liegen, was die menschlichen Sinne beobachten, und was das Denken über die Beobachtungen aussagt, hat man, unter dem Einflusse dieser Anregung. aufgegeben. Man suchte sich mit dem zu bescheiden, was innerhalb Beobachtung und Denken liegt. Während aber Kant aus der Notwendigkeit solchen Bescheidens geschlossen hat, man könne über jenseitige Dinge nichts wissen, erklärten die Nachkantianer: da Beobachtung und Denken auf kein jenseitiges Göttliche hindeuten, sind sie selbst das Göttliche. Und von denen, die solches erklärten, war Schelling der energischeste. Fichte hat alles in die Ichheit hereingenommen; Schelling hat die Ichheit über alles ausgebreitet. Er wollte nicht wie jener zeigen, daß die Ichheit alles; sondern umgekehrt, daß alles Ichheit sei. Und Schelling hatte den Mut, nicht nur den Ideengehalt des Ich für göttlich zu erklären, sondern die ganze menschliche Geistpersönlichkeit. Er machte nicht nur die menschliche Vernunft zu einer göttlichen, sondern den menschlichen Lebensinhalt zu der göttlichen, persönlichen Wesenheit. Man nennt eine Welterklärung Anthropomorphismus, die vom Menschen ausgeht und sich vorstellt, daß dem Weltenlauf im ganzen eine Wesenheit zu Grunde liegt, die ihn so lenkt, wie der Mensch seine eigenen Handlungen lenkt. Auch derjenige erklärt die Welt anthropomorphisch, der den Ereignissen eine allgemeine Weltvernunft zu Grunde legt. Denn diese allgemeine Weltvernunft ist nichts anderes als die menschliche Vernunft, die zur allgemeinen gemacht wird. Wenn Goethe sagt: „Der Mensch begreift niemals, wie anthropomorphisch er ist", so denkt er daran, daß in den einfachsten Aussprüchen, die wir über die Natur thun, versteckte Anthropomorphismen enthalten sind. Wenn wir sagen, ein Körper rollt weiter, weil ihn ein anderer gestoßen hat, so bilden wir eine solche Vorstellung von unserem Ich aus. Wir stoßen einen Körper und er rollt weiter. Wenn wir nun sehen, daß eine Kugel sich gegen eine andere bewegt, und diese dann weiter rollt, so stellen wir uns vor, die erste habe die zweite gestoßen, analog der stoßenden Wirkung, die wir selbst ausüben. Ernst Haeckel findet, das anthropomorphische Dogma „vergleicht die Weltschöpfung und Weltregierung Gottes mit den Kunstschöpfungen eines sinnreichen Technikers oder Maschinen-Ingenieurs und mit der Staatsregierung eines weisen Herrschers. Gott der Herr als Schöpfer, Erhalter und Regierer der Welt wird dabei in seinem Denken und Handeln durchaus menschenähnlich vorgestellt." Schelling hat den Mut zu dem konsequentesten Anthropomorphismus gehabt. Er erklärte zuletzt den Menschen mit seinem ganzen Lebensinhalt zur Gottheit. Und da zu diesem Lebensinhalt nicht allein das Vernünftige gehört, sondern auch das Unvernünftige, so hatte er die Möglichkeit, auch das Unvernünftige innerhalb der Welt zu erklären. Er mußte zu diesem Ende allerdings die Vernunftansicht durch eine andere ergänzen, die ihre Quelle nicht im Denken hat. Diese, nach seiner Meinung, höhere Ansicht, nannte er „positive Philosophie". Sie „ist die eigentliche freie Philosophie; wer sie nicht will, mag sie lassen, ich stelle es jedem frei, ich sage nur, daß, wenn einer z. B. den wirklichen Hergang, wenn er eine freie Weltschöpfung u. s. w. will, er dieses alles nur auf dem Wege einer solchen Philosophie haben kann. Ist ihm die rationale Philosophie genug, und verlangt er außer dieser nichts, so mag er bei dieser bleiben, nur muß er aufgeben, mit der rationalen Philosophie und in ihr haben zu wollen, was diese in sich schlechterdings nicht haben kann, nämlich den wirklichen Gott und den wirklichen Hergang und ein freies Verhältnis Gottes zur Welt". Die negative Philosophie wird „vorzugsweise die Philosophie für die Schule bleiben, die positive die für das Leben. Durch beide zusammen wird erst die vollständige Weihe gegeben sein, die man von der Philosophie zu verlangen hat. Bekanntlich wurden bei den eleusinischen Weihen die kleinen und die großen Mysterien unterschieden, die kleinen galten als eine Vorstufe der großen . . Die positive Philosophie ist die notwendige Folge der rechtverstandenen negativen, und so kann man wohl sagen: in der negativen Philosophie werden die kleinen, in der positiven die großen Mysterien der Philosophie gefeiert".

Wird das Innenleben als das Göttliche erklärt, dann erscheint es inkonsequent, bei einem Teil dieses Innenlebens stehen zu bleiben. Schelling hat diese Inkonsequenz nicht begangen. In dem Augenblicke, in dem er sagte: die Natur erklären, heiße die Natur schaffen, hat er seiner ganzen Lebensanschauung die Richtung gegeben. Ist das denkende Betrachten der Natur eine Wiederholung ihres Schaffens, so muß auch der Grundcharakter dieses Schaffens dem des menschlichen Thuns entsprechen; er muß ein Akt der Freiheit, nicht ein solcher geometrischer Notwendigkeit sein. Ein freies Schaffen können wir aber auch nicht durch Gesetze der Vernunft erkennen; es muß sich durch ein anderes Mittel offenbaren.

* *

Die menschliche Einzelpersönlichkeit lebt in dem göttlichen Urwesen und durch dieses; dennoch ist sie im Besitze ihrer vollen Freiheit und Selbständigkeit. Diese Vorstellung betrachtete Schelling als eine der wichtigsten innerhalb seiner Weltanschauung. Wegen dieser Vorstellung glaubte er in seiner idealistischen Ideenrichtung einen Fortschritt gegenüber früheren Anschauungen erblicken zu dürfen; weil diese dadurch, daß sie das Einzelwesen in Gott gegründet sein ließen, es auch ganz allein durch diesen bestimmt dachten, ihm also Freiheit und Selbständigkeit raubten. „Denn bis zur Entdeckung des Idealismus fehlt der eigentliche Begriff der Freiheit in allen neueren Systemen, im Leibnizischen so gut wie im Spinozischen; und eine Freiheit, wie sie viele von uns gedacht haben, die sich noch dazu des lebendigsten Gefühls derselben rühmen, wonach sie nämlich in der bloßen Herrschaft des intelligenten Prinzips über das sinnliche und die Begierden besteht, eine solche Freiheit ließe sich nicht zur Not, sondern ganz leicht und sogar bestimmter auch aus dem Spinoza noch herleiten". Ein Mann, der nur an eine solche Freiheit dachte und der mit Hilfe von Gedanken, die dem Spinozismus entlehnt waren, die Versöhnung des religiösen Bewußtseins mit der denkenden Weltbetrachtung, der Theologie mit der Philosophie, herbeizuführen suchte, war Schellings Zeitgenosse Friedrich Daniel Ernst Schleiermacher (1768—1834). Er hat in seinen „Reden über die Religion, an die Gebildeten unter ihren Verächtern" (1799) den Satz ausgesprochen: „Opfert mit mir ehrerbietig den Manen des heiligen, verstossenen Spinoza! Ihn durchdrang der hohe Weltgeist, das Unendliche war sein Anfang und sein Ende, das Universum seine einzige und ewige Liebe; in heiliger Unschuld und tiefer Demut spiegelte er sich in der ewigen Welt und sah zu, wie auch er ihr liebenswürdigster Spiegel war." Freiheit ist für Schleiermacher nicht die Fähigkeit eines Wesens, sich Richtung und Ziel seines Lebens selbst, in völliger Unabhängigkeit, vorzusetzen. Sie ist ihm nur „Aussichselbstentwickelung".

Aber ein Wesen kann sich sehr wohl aus sich selbst entwickeln, und es kann doch unfrei in einem höheren Sinne sein. Wenn das Urwesen der Welt in die einzelne Individualität einen ganz bestimmten Keim gelegt hat, den diese zur Entwickelung bringt, dann ist ihr der Weg ganz genau vorgezeichnet, den sie zu gehen hat; und dennoch entwickelt sie sich nur aus sich selbst. Eine solche Freiheit, wie sie Schleiermacher denkt, ist also in einer notwendigen Weltordnung, in der alles mit mathematischer Notwendigkeit sich abspielt, ganz gut denkbar. Deshalb kann er auch sagen: „Freiheit geht daher, so weit als das Leben ... Auch die Pflanze hat ihre Freiheit". Weil Schleiermacher die Freiheit nur in diesem Sinne kannte, deshalb konnte er auch den Ursprung der Religion in dem unfreiesten Gefühl suchen, in dem der „schlechthinnigen Abhängigkeit". Der Mensch fühlt, daß er sein Dasein auf ein anderes Wesen, auf Gott, beziehen muß. In diesem Gefühle wurzelt sein religiöses Bewußtsein. Ein Gefühl als solches ist immer etwas, das sich an ein anderes knüpfen muß. Es hat nur ein Dasein aus zweiter Hand. Der Gedanke, die Idee haben eine solch selbständige Existenz, daß Schelling von ihnen sagen kann: „So werden die Gedanken wohl von der Seele erzeugt; aber der erzeugte Gedanke ist eine unabhängige Macht, für sich fortwirkend, ja in der menschlichen Seele so anwachsend, daß er seine eigene Mutter bezwingt und sich unterwirft." Wer daher das göttliche Urwesen in Gedanken zu erfassen sucht, der nimmt es in sich auf, und hat es als selbständige Macht in sich. An diese selbständige Macht kann sich dann ein Gefühl anschließen, wie sich an die Vorstellung eines schönen Kunstwerkes ein Gefühl der Befriedigung anschließt. Schleiermacher will sich aber nicht des Gegenstandes der Religion bemächtigen, sondern nur des Gefühles. Er läßt den Gegenstand, Gott, selbst völlig unbestimmt. Der Mensch fühlt sich abhängig; aber er kennt das Wesen nicht, von dem er abhängig ist. Alle Begriffe, die wir uns von der Gottheit bilden, entsprechen dem hohen Wesen derselben nicht. Deshalb vermeidet es auch Schleiermacher auf irgend welche bestimmte Begriffe über die Gottheit einzugehen. Die unbestimmteste, leerste Vorstellung ist ihm die liebste. „Es war Religion, wenn die Alten — jede eigentümliche Art des Lebens durch die ganze Welt hin als das Werk einer Gottheit ansahn; sie hatten die eigentümliche Handlungsweise des Universums als ein bestimmtes Gefühl aufgenommen und bezeichneten sie so.“ Deshalb kann man auch keine rechte Freude haben über die feinsinnigen Worte, die Schleiermacher über das Wesen der Unsterblichkeit gesagt hat. „Das Ziel und der Charakter eines religiösen Lebens ist nicht jene Unsterblichkeit außer der Zeit und hinter der Zeit, oder vielmehr nur nach dieser Zeit, aber doch in der Zeit, sondern die Unsterblichkeit, die wir schon in diesem zeitlichen Leben unmittelbar haben können, und die eine Aufgabe ist, in deren Lösung wir immerfort begriffen sind. Mitten in der Endlichkeit Eins werden mit dem Unendlichen und ewig sein in jedem Augenblick, das ist die Unsterblichkeit der Religion.“ Hätte Schelling das gesagt, so könnte man damit eine bestimmte Vorstellung verknüpfen. Es hieße dann, der Mensch erzeugt in sich den Gedanken Gottes. Dies ist nichts anderes als ein Erinnern Gottes selbst an sein eigenes Wesen. Das Unendliche lebt also im Gottesgedanken des Einzelwesens auf. Es ist in dem Endlichen gegenwärtig. Dieses nimmt daher selbst an der Unendlichkeit teil. Da es aber Schleiermacher sagt, bleibt es völlig im Nebelhaften stecken. Es drückt das bloße dunkle Gefühl aus, daß wir von einem Unendlichen abhängig sind. Es ist der Theologe in Schleiermacher, der ihn hindert, zu bestimmten Vorstellungen über das Urwesen der Welt fortzuschreiten. Er möchte die Religiosität, die Frömmigkeit auf eine höhere Stufe heben. Denn er ist eine Persönlichkeit von seltener Gemütstiefe. Das religiöse Gefühl soll ein würdiges sein. Alles, was er über dieses Gefühl sagt, ist von vornehmer Art. Er hat die über alle Schranken des Herkommens und der gesellschaftlichen Begriffe hinausgreifende, rein aus der eigenen Willkür geborene Moral verteidigt, die in Schlegels „Lucinde“ herrscht; er durfte es, denn er war überzeugt, daß der Mensch fromm sein kann, auch wenn er im Sittlichen das Gewagteste vollbringt. „Es giebt keine gesunde Empfindung, die nicht fromm wäre“, durfte er sagen. Er hat die Frömmigkeit verstanden. Was Goethe in seinem späteren Alter in dem Gedicht „Trilogie der Leidenschaft“ ausspricht: „In unsres Busens Reine wogt ein Streben, sich einem Höhern, Reinen, Unbekannten aus Dankbarkeit freiwillig hinzugeben, enträtselnd sich den ewig Ungenannten; wir heißen's: fromm sein“: dieses Gefühl kannte Schleiermacher. Deshalb wußte er das religiöse Leben zu schildern. Den Gegenstand der Hingabe wollte er nicht erkennen. Ihn mag jede Art von Theologie auf ihre Weise bestimmen. Ein Reich der Frömmigkeit wollte Schleiermacher schaffen, das von dem Wesen der Gottheit unabhängig ist. In diesem Sinne ist er ein Versöhner des Glaubens mit dem Wissen.

* * *

„In der neuesten Zeit hat die Religion immer mehr die gebildete Ausdehnung ihres Inhalts zusammengezogen und sich in das Intensive der Frömmigkeit oder des Gefühls und zwar oft eines solchen, das einen sehr dürftigen und kahlen Gehalt manifestiert, zurückgezogen.“ So schrieb Hegel in dem Vorwort zur zweiten Ausgabe seiner „Encyklopädie der philosophischen Wissenschaften“ (1827); und er fuhr fort: „So lange sie ein Credo, eine Lehre, eine Dogmatik hat, so hat sie das, mit dem die Philosophie sich beschäftigen und in dem diese mit der Religion sich vereinigen kann. Dies ist jedoch wieder nicht nach dem trennenden schlechten Verstande zu nehmen, in dem die moderne Religiosität befangen ist, und nach welchem sie beide so vorstellt, daß die eine die andere ausschlösse, oder sie überhaupt so trennbar seien, daß sie sich dann nur von außen her verbinden. Vielmehr liegt auch in dem Bisherigen, daß die Religion wohl ohne Philosophie, aber die Philosophie nicht ohne Religion sein kann, sondern diese vielmehr in sich schließt. Die wahrhafte Religion, die Religion des Geistes, muß ein solches, einen Inhalt, haben; der Geist ist wesentlich Bewußtsein, somit von dem gegenständlich gemachten Inhalt; als Gefühl ist er der ungegenständliche Inhalt selbst und nur die niedrigste Stufe des Bewußtseins, ja in der mit dem Tiere gemeinschaftlichen Form der Seele. Das Denken macht die Seele, womit auch das Tier begabt ist, erst zum Geiste, und die Philosophie ist nur ein Bewußtsein über jenen Inhalt, den Geist und seine Wahrheit, auch in der Gestalt und Weise jener seiner, ihn vom Tier unterscheidenden und der Religion fähig machenden Wesenheit." Die ganze geistige Physiognomie Georg Wilhelm Friedrich Hegels (1770—1831) stellt sich vor unseren Geist hin, wenn wir solche Worte von ihm vernehmen, durch die er klar und scharf ausdrücken wollte, daß er im Denken die höchste Thätigkeit des Menschen sieht, diejenige, durch die dieser allein eine Stellung zu den obersten Fragen gewinnen kann. Das von Schleiermacher für den Schöpfer der Frömmigkeit angesehene Gefühl der Abhängigkeit erklärte Hegel für das echt tierische; und er äußerte paradox: wenn dies Abhängigkeitsgefühl das Wesen des Christentums ausmachen sollte, so wäre der Hund der beste Christ. Hegel ist eine Persönlichkeit, die ganz im Elemente des Denkens lebt. „Weil der Mensch denkend ist, wird es ebenso wenig der gesunde Menschenverstand als die Philosophie sich je nehmen lassen, von und aus der empirischen Weltanschauung sich zu Gott zu erheben. Dieses Erheben hat nichts anderes zu seiner Grundlage, als die denkende, nicht bloß sinnliche, tierische Betrachtung der Welt." Was sich durch Denken gewinnen läßt, das macht Hegel zum Inhalt der Weltanschauung. Denn was der Mensch auf einem andern Wege als durch das Denken gewinnt, das kann nichts anderes als eine Vorstufe zu einer Weltanschauung sein. „Das Erheben des Denkens über das Sinnliche, das Hinausgehen desselben über das Endliche zum Unendlichen, der Sprung, der mit Abbrechung der Reihen des Sinnlichen ins Übersinnliche gemacht wird, alles dieses ist das Denken selbst, dies Übergehen ist nur Denken. Wenn solcher Übergang nicht gemacht werden soll, so heißt dies, es soll nicht gedacht werden. In der That machen die Tiere solchen Sprung nicht; sie bleiben bei der sinnlichen Empfindung und Anschauung stehen; sie haben deswegen keine Religion." Was der Mensch durch das Denken den Dingen entlocken kann, ist also das höchste, was in diesen für ihn da ist. Dieses kann er daher nur ihr Wesen nennen. Der Gedanke ist also für Hegel das Wesen der Dinge. Alles sinnliche Vorstellen, alles wissenschaftliche Beobachten der Welt und ihrer Vorgänge kommt zuletzt darauf hinaus, daß sich der Mensch Gedanken über den Zusammenhang der Dinge macht. Hegels Arbeit setzt nun da ein, wo sinnliches Vorstellen, wissenschaftliches Beobachten an sein Ziel gelangt ist — beim Gedanken. Der wissenschaftliche Beobachter betrachtet die Natur; Hegel betrachtet dasjenige, was der wissenschaftliche Beobachter über die Natur aussagt. Der erstere sucht durch sein wissenschaftliches Verfahren die Mannigfaligkeit der Naturerscheinungen auf eine Einheit zurückzuführen; er erklärt den einen Vorgang aus dem andern; er strebt nach Ordnung, nach organischer Übersicht über das Ganze, das sich seinen Sinnen als eine ungeordnete Vielheit darbietet. Hegel sucht in den Resultaten des Naturforschers Ordnung und harmonische Übersicht. Er fügt zu der Wissenschaft der Natur die Wissenschaft der Gedanken über die Natur hinzu. Alle Gedanken, die man sich über die Welt macht, bilden naturgemäß ein einheitliches Ganzes, wie die Natur auch ein einheitliches Ganzes ist. Der wissenschaftliche Beobachter gewinnt seine Gedanken an den einzelnen Dingen; deshalb treten sie zunächst auch in seinem Geiste als einzelne auf, einer neben dem andern. Betrachten wir sie so nebeneinander, so schließen sie sich zu einem Ganzen zusammen, innerhalb dessen jeder Einzelne ein Glied ist.

Dieses Ganze der Gedanken will die Philosophie Hegels sein. So wenig der Naturforscher, der die Gesetze des Sternenhimmels feststellen will, glaubt, daß er aus diesen Gesetzen heraus den Sternenhimmel aufbauen kann; so wenig glaubt Hegel, der die gesetzmäßigen Zusammenhänge innerhalb der Gedankenwelt sucht, daß er aus den Gedanken heraus irgend welche naturwissenschaftliche Gesetze finden könne, die nur durch erfahrungsgemäßes Beobachten festgestellt werden können. Was immer wieder behauptet wird, Hegel habe aus dem reinen Denken die volle und unbeschränkte Erkenntnis des Weltganzen schöpfen wollen, beruht auf nichts weiter, als auf einem naiven Mißverständnis seiner Anschauung. Er hat doch deutlich genug gesagt: „Das, was ist, zu begreifen ist die Aufgabe der Philosophie; denn was vernünftig ist, das ist wirklich, was wirklich ist, das ist vernünftig. Wenn die Philosophie ihr Grau in Grau malt, dann ist eine Gestalt des Lebens alt geworden; die Eule der Minerva beginnt erst in der einbrechenden Dämmerung ihren Flug." Das heißt doch wohl nichts anderes, als daß die thatsächlichen Erkenntnisse schon da sein müssen, wenn der Denker kommt, und sie von seinem Gesichtspunkte aus beleuchtet. Man verlange nur nicht von Hegel, daß er neue Naturgesetze aus dem reinen Denken hätte ableiten sollen; denn das wollte er durchaus nicht. Nein, er wollte nichts anderes, als über die Summe der Naturgesetze, die zu seiner Zeit vorhanden waren, ein philosophisches Licht werfen. Von dem Naturforscher verlangt niemand, daß er den Sternenhimmel schaffe, obgleich er über ihn seine Forschungen anstellt; Hegels Ansichten werden für unfruchtbar erklärt, weil er, der über den Zusammenhang der Naturgesetze nachgedacht hat, nicht zugleich diese Naturgesetze geschaffen hat.

Wozu der Mensch zuletzt kommt, indem er sich in die Dinge vertieft, das ist ihr Wesen. Es liegt ihnen zu Grunde. Das, was der Mensch als seine höchsten Erkenntnisse aufnimmt, ist zugleich das tiefste Wesen der Dinge.

Der im Menschen erscheinende Gedanke ist also auch der objektive Gehalt der Welt. Man kann sagen: der Gedanke ist zuerst in der Welt auf eine unbewußte Weise; dann wird er von dem menschlichen Geiste aufgenommen; er erscheint sich selbst in dem menschlichen Geiste. So wie der Mensch, wenn er den Blick in die Natur richtet, zuletzt den Gedanken findet, der ihm deren Erscheinungen begreiflich macht, so findet er, wenn er Einkehr hält in sich selbst, auch hier zuletzt den Gedanken. Wie das Wesen der Natur die Gedanken sind, so ist auch des Menschen eigenes Wesen Gedanke. Im menschlichen Selbstbewußtsein schaut sich also der Gedanke selbst an. Die Wesenheit der Welt kommt zu sich selbst. In den andern Naturgeschöpfen arbeitet der Gedanke; seine Wirksamkeit ist nicht auf sich selbst, sondern auf anderes gerichtet. Die Natur enthält daher den Gedanken; aber im denkenden Menschen ist der Gedanke nicht nur enthalten, er wirkt nicht nur; sondern er ist auf sich selbst gerichtet. In der äußeren Natur lebt sich der Gedanke zwar auch aus, aber er fließt da in ein Anderes aus; im Menschen lebt er in sich selbst. So erscheint für Hegel der ganze Weltprozeß als ein Gedankenprozeß. Und alle Vorgänge dieses Prozesses stellen sich dar als Vorstufen zu dem höchsten Ereignisse, das es giebt: zu dem denkenden Erfassen des Gedankens selbst. Dieses Ereignis spielt sich im menschlichen Selbstbewußtsein ab. Der Gedanke arbeitet sich also fortschreitend hindurch bis zu seiner höchsten Erscheinungsform, in der er sich selbst begreift.

Wenn man somit irgend ein Ding der Wirklichkeit, einen Vorgang anblickt, so wird man immer eine bestimmte Entwickelungsform des Gedankens in diesem Dinge oder Vorgange sehen. Der Weltprozeß ist fortschreitende Gedankenentwickelung. Außer der höchsten Stufe dieser Entwickelung enthalten alle anderen Stadien einen Widerspruch. Es ist G e d a n k e in ihnen, aber er hat mehr in sich, als er in einem solchen niedrigen Stadium ausgiebt. Er überwindet daher diese seine widerspruchsvolle Erscheinungsform und eilt zu einer höheren, die ihm mehr entspricht. Es ist also der Widerspruch, der die Gedankenentwickelung vorwärts treibt. Wenn der Naturbeobachter die Dinge denkend beobachtet, so bildet er sich daher in sich widerspruchsvolle Begriffe von denselben. Wenn dann der philosophische Denker diese aus der Naturbeobachtung gewonnenen Gedanken aufgreift, so findet er in ihnen widerspruchsvolle ideelle Gebilde. Aber dieser Widerspruch ist es gerade, der es ihm möglich macht, aus den einzelnen Gedanken ein ganzes Gedankengebäude zu machen. Er sucht das in einem Gedanken auf, was widerspruchsvoll ist. Und es ist widerspruchsvoll, weil der Gedanke auf eine höhere Stufe seiner Entwickelung weist. Durch den in ihm enthaltenen Widerspruch deutet also jeder Gedanke auf einen andern, auf den er im Laufe der Entwickelung zueilt. So kann der Philosoph bei dem einfachsten Gedanken beginnen, der ganz leer ist an Inhalt, bei dem abstrakten Sein. Er wird durch den in diesem Gedanken selbst liegenden Widerspruch aus ihm herausgetrieben zu einer höheren und weniger widerspruchsvollen Stufe, und dann weiter, bis er bei dem höchsten Stadium anlangt, bei dem in sich selbst lebenden Gedanken, welches die höchste Äußerung des Geistes ist.

Hegel hat also den menschlichen Geist bei seiner höchsten Thätigkeit, dem Denken, ergriffen, und dann zu zeigen versucht, welchen Sinn innerhalb des Weltganzen diese höchste Thätigkeit hat. Sie stellt das Ereignis dar, in dem das in die ganze Welt ausgegossene Urwesen sich wieder findet. Die höchsten Verrichtungen, durch die dieses Wiederfinden geschieht, sind Kunst, Religion und Philosophie. In dem Naturwerke ist der Gedanke vorhanden; aber er ist sich hier selbst entfremdet; er erscheint nicht in seiner ureigenen Gestalt. Wenn man einen wirklichen Löwen ansieht, so ist dieser ja nichts anderes als die Verkörperung des Gedankens „Löwe“; aber es handelt sich hier nicht um den Gedanken des Löwen, sondern um das körperhafte Wesen; dieses Wesen selbst geht der Gedanke nichts an.

Erst, wenn ich es begreifen will, suche ich den Gedanken. Ein Kunstwerk, das einen Löwen darstellt, trägt, was ich an dem wirklichen Wesen nur begreifen kann, äußerlich an sich. Das Körperhafte ist nur da, um den Gedanken an sich erscheinen zu lassen. Der Mensch erschafft Kunstwerke, damit er das, was er sonst an den Dingen nur in Gedanken erfaßt, auch in äußerer Anschauung vor sich hat. Der Gedanke kann sich in Wirklichkeit, in seiner ihm eigenen Gestalt, nur im menschlichen Selbstbewußtsein erscheinen. Was in Wirklichkeit nur hier erscheint, das prägt der Mensch dem sinnlichen Stoffe ein, damit es scheinbar auch an ihm erscheine. Als Goethe vor den Kunstwerken der Griechen stand, drängte es ihn zu dem Ausspruche: da ist Notwendigkeit, da ist Gott. In Hegels Sprache, in der Gott der Gedankengehalt der Welt ist, der sich im menschlichen Selbstbewußtsein selbst begreift, würde das heißen: Aus den Kunstwerken blicken uns die höchsten Offenbarungen der Welt entgegen, die uns in Wirklichkeit nur innerhalb unseres eigenen Geistes zu teil werden. Die Philosophie enthält den Gedanken in seiner ganz reinen Form, in seiner ureigensten Wesenheit. Die höchste Erscheinungsform, welche das göttliche Urwesen, die Gedankenwelt, annehmen kann, ist in der Philosophie enthalten. Im Sinne Hegels kann man sagen: göttlich, d. i. gedankenerfüllt ist die ganze Welt, aber in der Philosophie erscheint das Göttliche ganz unmittelbar in seiner Göttlichkeit, während es in anderen Erscheinungen die Gestalten des Ungöttlichen annimmt. Zwischen der Kunst und der Philosophie steht die Religion. Der Gedanke lebt in ihr noch nicht als reiner Gedanke, sondern im Bilde, im Symbol. Das ist auch bei der Kunst der Fall; aber bei ihr ist das Bild ein solches, das der äußeren Anschauung entlehnt ist; die Bilder der Religion sind vergeistigt.

Zu diesen höchsten Erscheinungsformen des Gedankens verhalten sich alle andern menschlichen Lebensäußerungen wie unvollkommene Vorstufen. Aus solchen Vorstufen setzt sich das ganze geschichtliche Leben der Menschheit zusammen. Wer daher den äußeren Hergang der historischen Erscheinungen verfolgt, wird manches finden, das dem reinen Gedanken, der Gegenstand der Vernunft ist, nicht entspricht. Wer aber tiefer blickt, wird sehen, daß in der geschichtlichen Entwickelung doch der vernünftige Gedanke sich verwirklicht. Er verwirklicht sich nur auf eine Art, die in ihrer unmittelbaren Äußerlichkeit ungöttlich erscheint. Man kann daher im ganzen doch sagen: „Alles Wirkliche ist vernünftig". Und gerade darauf kommt es an, daß sich im Ganzen der Geschichte der Gedanke, der historische Weltgeist verwirkliche. Das einzelne Individuum ist nur ein Werkzeug zur Verwirklichung der Zwecke dieses Weltgeistes. Weil Hegel in dem Gedanken das höchste Wesen der Welt erkennt, deshalb verlangt er auch von dem Individuum, daß es sich den allgemeinen, in der Weltentwickelung waltenden Gedanken unterordne. „Dies sind die großen Menschen in der Geschichte, deren eigentliche partikulare Zwecke das Substantielle enthalten, welches der Wille des Weltgeistes ist. Dieser Gehalt ist ihre wahrhafte Macht; er ist in dem allgemeinen bewußtlosen Instinkt der Menschen; sie sind innerlich dazu getrieben und haben keine weitere Haltung, dem, welcher die Ausführung solchen Zweckes in seinem Interesse übernommen hat, Widerstand zu leisten. Die Völker sammeln sich vielmehr um sein Panier; er zeigt ihnen und führt das aus, was ihr eigener immanenter Zweck ist. Werfen wir weiter einen Blick auf das Schicksal dieser welthistorischen Individuen, so haben sie das Glück gehabt, die Geschäftsführer eines Zweckes zu sein, der eine Stufe in dem Fortschreiten des allgemeinen Geistes war. Indem sich die Vernunft dieser Werkzeuge bedient, können wir es eine List derselben nennen, denn sie läßt sie mit aller Wut der Leidenschaft ihre eigenen Zwecke vollführen, und erhält sich nicht nur unbeschädigt, sondern bringt sich selbst hervor. Das Partikulare ist meistens zu gering gegen das Allgemeine: die Individuen werden geopfert und preisgegeben. Die Weltgeschichte stellt sich somit als der Kampf der Individuen vor, und in dem Felde dieser Besonderheit geht es ganz natürlich zu. Wie in der tierischen Natur die Erhaltung des Lebens Zweck und Instinkt des Einzelnen ist, wie aber doch hier die Vernunft, das Allgemeine, vorherrscht, und die Einzelnen fallen, so geht es auch in der geistigen Welt zu. Die Leidenschaften zerstören sich gegenseitig; die Vernunft allein wacht, verfolgt ihren Zweck und macht sich geltend." Der Einzelne kann nur in der Betrachtung, in seinem Denken den Allgeist umfassen. Nur in der Weltbetrachtung ist Gott in ihm ganz gegenwärtig. Wo der Mensch handelt, wo er ins thätige Leben eingreift, da ist er ein Glied und kann deshalb auch nur als Glied an der allgemeinen Vernunft teilnehmen. Aus solchen Gedanken fließt auch Hegels Staatslehre. Mit seinem Denken ist der Mensch allein; mit seinen Thaten ist er Glied der Gemeinschaft. Die vernünftige Ordnung der Gemeinschaft, der Gedanke, der sie durchdringt, ist der Staat. Die einzelne Individualität als solche ist für Hegel nur in so weit etwas wert, als in ihr die allgemeine Vernunft, der Gedanke erscheint. Denn der Gedanke ist das Wesen der Dinge. Ein Naturprodukt hat es nicht in seiner Macht, den Gedanken in sich in seiner höchsten Form erscheinen zu lassen; der Mensch hat diese Macht. Er wird daher nur seine Bestimmung erreichen, wenn er sich zum Träger des Gedankens macht. Da der Staat der realisierte Gedanke ist, und der einzelne Mensch nur ein Glied innerhalb desselben, so hat der Mensch dem Staate und nicht der Staat dem Menschen zu dienen. „Wenn der Staat mit der bürgerlichen Gesellschaft verwechselt und seine Bestimmung in die Sicherheit und den Schutz des Eigentums und der persönlichen Freiheit gesetzt wird, so ist das Interesse der Einzelnen als solcher der letzte Zweck, zu welchem sie vereinigt sind, und es folgt hieraus ebenso, daß es etwas Beliebiges ist, Mitglied des Staates zu sein. Er hat aber ein ganz anderes Verhältnis zum Individuum; indem er objektiver Geist ist, so hat das Individuum selbst nur Objektivität, Wahrheit und Sittlichkeit, als es ein Glied desselben ist.

Die Vereinigung als solche ist selbst der wahrhafte Inhalt und Zweck, und die Bestimmung der Individuen ist, ein allgemeines Leben zu führen; ihre weitere besondere Befriedigung, Thätigkeit und Weise des Verhaltens hat dies Substantielle und allgemein Gültige zu seinem Ausgangspunkte und Resultate." Wie steht es mit der Freiheit innerhalb einer solchen Lebensauffassung? Den Begriff von Freiheit, welcher der einzelnen menschlichen Persönlichkeit ein unbedingtes Recht zuerkennt, das Ziel und die Bestimmung ihrer Thätigkeit sich selbst zu setzen, läßt Hegel nicht gelten. Denn was sollte es für einen Wert haben, wenn diese einzelne Persönlichkeit ihr Ziel nicht aus der vernünftigen Gedankenwelt nähme, sondern sich nach völliger Willkür entschiede? Das wäre, nach seiner Meinung, gerade die Unfreiheit. Ein solches Individuum entspräche nicht seinem Wesen; es wäre unvollkommen. Ein vollkommenes Individuum kann nur sein Wesen verwirklichen wollen; und das Vermögen, dies zu thun, ist seine Freiheit. Dieses sein Wesen ist aber verkörpert im Staate. Handelt der Mensch im Sinne des Staates, so handelt er demnach frei. „Der Staat, an und für sich, ist das sittliche Ganze, Verwirklichung der Freiheit, und es ist absoluter Zweck der Vernunft, daß die Freiheit wirklich sei. Der Staat ist der Geist, der in der Welt steht und sich in derselben mit Bewußtsein realisiert, während er sich in der Natur nur als das Andere seiner, als schlafender Geist verwirklicht... Es ist der Gang Gottes in der Welt, daß der Staat ist; sein Grund ist die Gewalt der sich als Wille verwirklichenden Vernunft." Hegel kommt es nirgends auf die Dinge als solche, sondern stets auf den vernünftigen, gedanklichen Inhalt derselben an. Wie er auf dem Felde der Weltbetrachtung überall die Gedanken suchte, so wollte er auch das Leben vom Gesichtspunkte des Gedankens aus geleitet wissen. Deshalb kämpfte er gegen unbestimmte Staats- und Gesellschaftsideale, und warf sich zum Verteidiger des Wirklich-Bestehenden auf. Wer für ein unbestimmtes Ideal in der Zukunft schwärmt, der glaubt, nach Hegels Meinung, daß die allgemeine Vernunft auf ihn gewartet habe, um zu erscheinen. Einem solchen müsse man besonders klar machen, daß in allem Wirklichen schon Vernunft sei. Er nannte den Professor Fries, dessen Kollege er in Jena, dessen Nachfolger er in Heidelberg war, den „Heerführer aller Seichtigkeit", weil dieser aus dem „Brei des Herzens" heraus ein solches Zukunftsideal geformt habe. In seinem Suchen nach den Gedanken im Wirklichen ging Hegel zuweilen bedenklich weit. So wenn er die Vernünftigkeit des philosophischen Lehrstuhls an der Berliner Universität darlegt: „Auf hiesiger Universität, der Universität des Mittelpunktes, muß auch der Mittelpunkt aller Geistesbildung und aller Wissenschaft und Wahrheit, die Philosophie ihre vorzügliche Pflege finden. . . . Diese Wissenschaft hat sich zu den Deutschen geflüchtet und lebt allein noch in ihnen fort. Uns ist die Bewahrung dieses heiligen Lichtes anvertraut, und es ist unser Beruf, es zu pflegen und zu nähren und dafür zu sorgen, daß das Höchste, was der Mensch besitzen kann, das Selbstbewußtsein seines Wesens, nicht erlösche und untergehe".

Die weitgehende Verteidigung des Wirklichen und Bestehenden hat Hegel selbst von Seite derjenigen, die seiner Ideenrichtung freundlich gegenüberstanden, schwere Vorwürfe eingetragen. Es darf nicht übersehen werden, daß diese Verteidigung in eine Zeit fiel, in der innerhalb der Wirklichkeit die schlimmsten Träger der Reaktion am Werke waren. Ein Anhänger Hegels, Johann Eduard Erdmann, schreibt darüber: „Das entschiedene Übergewicht, welches namentlich in der Mitte der zwanziger Jahre, der Hegelschen Philosophie vor allen gleichzeitigen Systemen eingeräumt ward, hat seinen Grund darin, daß der momentanen Ruhe, welche den wilden Kämpfen im politischen, religiösen und kirchlich-politischen Gebiete gefolgt war, eine Philosophie entsprach, welche Feinde tadelnd, Freunde lobend „Restaurationsphilosophie" genannt haben. Sie ist dies in viel weiterer Ausdehnung als, die den Namen erfanden, gemeint haben".

Man darf aber auch nicht übersehen, daß gerade durch seinen Wirklichkeitssinn Hegel eine im hohen Grade lebenfreundliche Anschauung schuf. Schelling hat mit seiner „Philosophie der Offenbarung" eine Anschauung für das Leben schaffen wollen. Allein wie fremd sind die Begriffe seiner Gottesbetrachtung dem unmittelbar-wirklichen Leben des Tages! Es könnte eine solche Anschauung höchstens ihren Wert für jene Feieraugenblicke des Lebens haben, in denen der Mensch sich von der Alltäglichkeit zurückzieht und den höchsten Stimmungen hingiebt; in denen er, sozusagen, keinen Weltdienst, sondern allein noch Gottesdienst verrichtet. Hegel hat dagegen den Menschen mit dem Gefühle durchdringen wollen, daß er auch in der alltäglichen Wirklichkeit dem Allgemein-Göttlichen dient. Bei ihm reicht gleichsam das Göttliche herunter bis in die kleinsten Dinge, während es sich bei Schelling in die höchsten Regionen des Daseins zurückzieht. Weil er die Wirklichkeit und das Leben liebte, deshalb suchte Hegel sie so vernünftig als möglich vorzustellen. Er wollte, daß der Mensch jeden Schritt und Tritt mit Vernunft mache. Im Grunde schätzte er die Einzelpersönlichkeit doch nicht gering. Wir sehen dies aus Aussprüchen wie diesen: „Das Reichste ist das Konkreteste und Subjektivste, und das sich in die einfachste Tiefe zurücknehmende das Mächtigste und Übergreifendste. Die höchste, zugeschärfteste Spitze ist die reine Persönlichkeit, die allein durch die absolute Dialektik, die ihre Natur ist, eben so sehr alles in sich befaßt und hält, weil sie sich zum Freiesten macht, zur Einfachheit, welche die erste Unmittelbarkeit und Allgemeinheit ist". Aber, um „reine Persönlichkeit" zu werden, muß sich der Einzelne auch mit dem ganzen Vernünftigen durchdringen und es zu seinem Selbst machen. Denn die „reine Persönlichkeit" ist zugleich das höchste, wozu sich der Mensch hinaufentwickeln kann, was er aber keineswegs von Natur aus schon ist. Hat er sich dahin erhoben, dann gilt von ihm das Hegelsche Wort: „Daß der Mensch von Gott weiß, ist nach der wesentlichen Gemeinschaft ein gemeinschaftliches Wissen, denn der Mensch weiß nur von Gott, insofern Gott im Menschen von sich selbst weiß: dieses Wissen ist Selbstbewußtsein Gottes, aber ebenso ein Wissen desselben vom Menschen, und dies Wissen Gottes vom Menschen ist Wissen des Menschen von Gott. Der Geist des Menschen, von Gott zu wissen, ist nur der Geist Gottes selbst". Nur ein Mensch, in dem solches verwirklicht ist, verdient, nach Hegels Meinung, im höchsten Sinne des Wortes den Namen Persönlichkeit. Denn bei ihm fällt Vernunft und Individualität zusammen; er verwirklicht den Gott in sich, dem er in seinem Bewußtsein das Organ giebt, um sich selbst anzuschauen. Alle Gedanken blieben abstrakte, unbewußte ideelle Gebilde, wenn sie im Menschen nicht lebendige Wirklichkeit gewännen. Ohne den Menschen wäre Gott in seiner höchsten Vollkommenheit gar nicht da. Er wäre das unfertige Welturwesen. Er wüßte nichts von sich. Hegel hat diesen Gott vor seiner Verwirklichung im Leben dargestellt. Den Inhalt dieser Darstellung bildet die Logik. Sie ist ein Gebäude von leblosen, starren, stummen Gedanken. Hegel nennt sie selbst das „Reich der Schatten". Sie soll gewissermaßen zeigen, wie Gott in seinem innersten ewigen Wesen vor der Erschaffung der Natur und des endlichen Geistes ist. Da aber die Selbstanschauung notwendig zum Wesen Gottes gehört, so ist der Inhalt der Logik noch der tote Gott, der nach Dasein verlangt. In Wirklichkeit ist dieses Reich der reinen, abstrakten Wahrheit nirgends vorhanden; nur unser Verstand kann es von dem lebendigen Wirklichen abtrennen. Es giebt im Sinne Hegel kein irgendwo existierendes, fertiges Urwesen, sondern nur ein solches, das in ewiger Bewegung, in stetem Werden ist. Diese ewige Wesenheit ist „die ewig wirkliche Wahrheit, in welcher die ewig wirkende Vernunft frei für sich ist, und für die Notwendigkeit, Natur und Geschichte nur ihrer Offenbarung dienend und Gefäße ihrer Ehre sind". Wie sich im Menschen die Gedankenwelt selbst ergreift, das wollte Hegel darstellen. Er hat in anderer Form Goethes Anschauung ausgesprochen:

„Wenn die gesunde Natur des Menschen als ein Ganzes wirkt, wenn er sich in der Welt als in einem großen, schönen, würdigen und werten Ganzen fühlt, wenn das harmonische Behagen ihm ein reines, freies Entzücken gewährt, dann würde das Weltall, wenn es sich selbst empfinden könnte, als an sein Ziel gelangt, aufjauchzen und den Gipfel des eigenen Werdens und Wesens bewundern“ (vergl. Seite 71 oben). In Hegels Sprache übersetzt, heißt das: Wenn der Mensch denkend sein eigenes Wesen erkennt, dann hat dieser Akt nicht nur eine individuelle, persönliche Bedeutung, sondern eine ganz universelle; das Wesen des Weltalls erreicht in der Selbsterkenntnis des Menschen seinen Gipfel, seine Vollendung, ohne die es Fragment bliebe.

Die Hegelsche Vorstellung des Erkennens faßt dieses nicht wie ein Erfassen eines Inhaltes auf, der ohne dasselbe fertig irgendwo in der Welt vorhanden ist, nicht als eine Thätigkeit, die Abbilder des wirklichen Geschehens schafft. Was im Sinne Hegels im denkenden Erkennen geschaffen wird, das ist sonst nirgends in der Welt vorhanden, nur eben im Erkennen. Wie die Pflanze auf einer gewissen Stufe ihrer Entwickelung die Blüte hervorbringt, so erzeugt das Weltall den Inhalt der menschlichen Erkenntnis. Und ebenso wenig die Blüte vor ihrer Entstehung vorhanden ist, so wenig ist es der Gedankeninhalt der Welt, der im menschlichen Geiste zum Vorschein kommt. Eine Weltanschauung, die der Meinung ist, daß in der Erkenntnis nur Abbilder von schon vorhandenem Inhalt entstehen sollen, macht den Menschen zum müßigen Zuschauer der Welt, die ohne ihn auch vollkommen fertig da wäre. Hegel macht dagegen den Menschen zum thätigen Mitarbeiter am Weltgeschehen, dem ohne ihn der Gipfel fehlen würde.

Grillparzer hat Hegels Meinung über das Verhältnis des Denkens zur Welt in einem bedeutsamen Ausspruch charakterisiert:

Möglich, daß du uns lehrst prophetisch das göttliche Denken,
Aber das menschliche, Freund, richtest du sicher zu Grund.

Der Dichter meint hier mit dem menschlichen Denken dasjenige, das eben seinen Inhalt fertig in der Welt voraussetzt und nichts sein will als das Abbild desselben. Für Hegel ist der Ausspruch kein Tadel. Denn dieses Denken über etwas Anderes ist, nach seiner Ansicht, noch nicht das höchste, das vollkommenste Denken. Wenn man über ein Ding der Natur nachdenkt, so sucht man einen Begriff, der mit seinem äußeren Gegenstande „übereinstimmt". Man begreift dann durch den Gedanken, den man sich bildet, was der äußere Gegenstand ist. Man hat es mit zweierlei zu thun, mit dem Gedanken und mit dem Gegenstande. Will man aber bis zum höchsten Gesichtspunkt emporsteigen, den der Mensch erklimmen kann, dann darf man sich nicht scheuen, auch noch zu fragen, was denn der Gedanke selbst ist. Dazu haben wir aber kein anderes Mittel als nur wieder den Gedanken. Im höchsten Erkennen ergreift also der Gedanke sich selbst. Er fragt nicht mehr nach einer Übereinstimmung mit etwas anderem. Er hat es nur mit sich allein zu thun. Dieses Denken, das keine Anlehnung an ein Äußeres, an irgend einen Gegenstand hat, erscheint Grillparzer wie ein Zerstörer des Denkens, das die Aufschlüsse giebt über die in Zeit und Raum ausgebreiteten mannigfaltigen Dinge der sinnlichen und geistigen Wirklichkeit. Aber so wenig der Maler die Natur zerstört, wenn er ihre Linien und Farben auf der Leinwand wiedergiebt, so wenig zerstört der Denker die Ideen der Natur, wenn er sie in ihrer geistigen Reinheit ausspricht. Es ist merkwürdig, daß man gerade in dem Denken ein der Wirklichkeit feindliches Element sehen will, weil es von der Fülle des sinnlichen Inhaltes abstrahiert. Ja, abstrahiert denn der Maler nicht, indem er bloß Farbe, Ton und Linie giebt, von allen übrigen Merkmalen eines Gegenstandes? Hegel hat alle solchen Einwände mit seinem hübschen Scherz getroffen. Wenn das in der Welt wirksame Urwesen „ausgleitet und aus dem Boden, wo es herumspaziert, ins Wasser fällt, so wird es ein Fisch, ein Organisches, ein Lebendiges. Wenn es nun eben so ausgleitet und ins reine Denken fällt —

denn auch das reine Denken soll nicht sein Boden sein — so soll es, dahineinplumpsend, etwas Schlechtes, Endliches werden, von dem man sich eigentlich schämen muß, zu sprechen, wenn's nicht Amtshalber geschähe und weil einmal nicht zu leugnen ist, daß eine Logik da sei. Das Wasser ist ein so kaltes, schlechtes Element und es ist dem Leben doch so wohl darin. Soll denn das Denken ein viel schlechteres Element sein? Soll das Absolute sich sogar schlecht darin befinden und sich auch schlecht darin aufführen?"

Es ist durchaus in Hegels Sinn gesprochen, wenn man behauptet, das Urwesen der Welt habe die niedere Natur und den Menschen geschaffen; an diesem Punkte angelangt, habe es sich beschieden, und es dem Menschen überlassen, zu der Außenwelt und zu sich selbst hinzu, auch noch die Gedanken über die Dinge zu schaffen. So schafft das Urwesen im Verein mit dem Menschen den ganzen Inhalt der Welt. Der Mensch ist Mitschöpfer des Seins, nicht müßiger Zuschauer, nicht erkennender Wiederkäuer dessen, was ohne sein Dasein auch da wäre.

Was der Mensch in seinem innersten Dasein ist, das ist er nicht durch ein anderes, das ist er durch sich selbst. Deshalb betrachtet Hegel auch die Freiheit nicht als ein göttliches Geschenk, das dem Menschen ein für allemal in die Wiege gelegt worden ist, sondern als ein Ergebnis, zu dem er im Laufe seiner Entwickelung allmählich gelangt. Von dem Leben in der Außenwelt, von der Befriedigung im rein sinnlichen Dasein erhebt er sich zum Begreifen seines geistigen Wesens, seiner eigenen Innenwelt. Dadurch macht er sich auch unabhängig von der Außenwelt; er folgt seiner inneren Wesenheit. Der Volksgeist enthält Naturnotwendigkeit und fühlt sich in Bezug auf seine Sitten ganz abhängig von dem, was außer dem einzelnen Menschen Sitte und Brauch, moralische Anschauung ist. Aber allmählich ringt sich die Persönlichkeit los von dieser in der Außenwelt niedergelegten sittlichen Anschauungswelt und dringt in ihr Inneres vor, indem sie erkennt, daß sie aus ihrem eigenen Geist heraus sich sittliche Anschauungen entwickeln, moralische Vorschriften geben kann. Der Mensch erhebt sich zur Anschauung des in ihm waltenden Urwesens, das auch der Quell seiner Sittlichkeit ist. Er sucht nicht mehr in der Außenwelt, sondern in der eigenen Seele seine Sittengebote. Er macht sich nur mehr von sich abhängig. (§ 552 von Hegels „Encyklopädie der philosophischen Wissenschaften".) Diese Unabhängigkeit, diese Freiheit ist also nichts dem Menschen von vornherein Zukommendes, sie ist im Laufe der geschichtlichen Entwickelung erworben. Die Weltgeschichte ist der Fortschritt der Menschheit im Bewußtsein der Freiheit.

Dadurch, daß Hegel in den höchsten Äußerungen des menschlichen Geistes Vorgänge sieht, in denen das Urwesen der Welt den Abschluß seiner Entwickelung, seines Werdens findet, werden ihm alle andern Erscheinungen zu Vorstufen dieses höchsten Gipfels; und dieser selbst erscheint als der Zweck, dem alles andere zustrebt. Diese Vorstellung von Zweckmäßigkeit im Weltall ist eine andere als diejenige, die sich die Weltschöpfung und Weltlenkung wie das Werk eines sinnreichen Technikers oder Maschinenkonstrukteurs denkt, der alle Dinge nützlichen Zielen gemäß eingerichtet hat. Solche Nützlichkeitslehren hat Goethe scharf abgewiesen. Er sagte am 20. Februar 1831 zu Eckermann (vergl. Gespräche Goethes mit Eckermann, Teil II): Der Mensch „unterläßt nicht, seine gewohnte Ansicht aus dem Leben auch in die Wissenschaft zu tragen und auch bei den einzelnen Teilen eines organischen Wesens nach deren Zweck und Nutzen zu fragen. Dies mag auch eine Weile gehen, und er mag auch in der Wissenschaft eine Weile durchkommen; allein gar bald wird er auf Erscheinungen stoßen, wo er mit einer so kleinen Ansicht nicht ausreicht, und wo er ohne höheren Halt sich in lauter Widersprüchen verwickelt. Solche Nützlichkeitslehrer sagen wohl: der Ochse habe Hörner, um sich damit zu wehren. Nun frage ich aber: warum hat das Schaf keine? Und wenn es welche hat, warum sind sie ihm um die Ohren gewickelt, so daß sie ihm zu nichts dienen? Etwas anderes aber ist es, wenn ich sage: Der Ochse wehrt sich mit seinen Hörnern, weil er sie hat. Die Frage nach dem Warum? ist durchaus nicht wissenschaftlich. Etwas weiter kommt man mit der Frage Wie? Denn wenn ich frage: Wie hat der Ochse Hörner? so führt mich das auf die Betrachtung seiner Organisation und belehrt mich zugleich, warum der Löwe keine Hörner hat und haben kann." Trotzdem sieht Goethe in anderem Sinne in der ganzen Natur eine zweckmäßige Einrichtung, die zuletzt im Menschen ihr Ziel erreicht, also gleichsam alle ihre Werke so einrichtet, daß dieser zuletzt seine Bestimmung erreicht. Wir lesen in seinem „Winkelmann": „Denn wozu dient alle der Aufwand von Sonnen und Planeten und Monden, von Sternen und Milchstraßen, von Kometen und Nebelflecken, von gewordenen und werdenden Welten, wenn sich nicht zuletzt ein glücklicher Mensch seines Daseins erfreut?" Und auch davon ist Goethe überzeugt, daß das Wesen aller Erscheinungen in und durch den Menschen als Wahrheit zum Vorschein kommt (vergl. S. 71 oben). Wie alles in der Welt darauf angelegt ist, daß der Mensch eine würdige Aufgabe hat und diese lösen kann: das zu begreifen, ist das Ziel dieser Weltanschauung. Wie eine philosophische Rechtfertigung der Goetheschen Aussprüche nimmt sich aus, was Hegel am Schlusse seiner „Naturphilosophie" ausführt: „Im Lebendigen hat die Natur sich vollendet, und ihren Frieden geschlossen, indem sie in ein Höheres umschlägt. Der Geist ist so aus der Natur hervorgegangen. Das Ziel der Natur ist, sich selbst zu töten, und ihre Rinde des Unmittelbaren, Sinnlichen zu durchbrechen, sich als Phönix zu verbrennen, um aus dieser Äußerlichkeit verjüngt als Geist hervorzutreten. Die Natur ist sich ein anderes geworden, um sich als Idee wieder zu erkennen und sich mit sich zu versöhnen . . Als der Zweck der Natur ist der Geist eben darum vor ihr, sie ist aus ihm hervorgegangen." Dadurch vermochte diese Weltanschauung den Menschen so hoch zu stellen, weil sie in ihm verwirklicht sein läßt, was als Urkraft, als Urwesen aller Welt zu Grunde liegt; was seine Verwirklichung durch den ganzen Stufengang aller übrigen Erscheinungen vorbereitet, aber erst im Menschen erreicht. Goethe und Hegel stimmen in dieser Vorstellung vollständig mit einander überein. Was der erstere aus seinem Anschauen der Natur und des Geistes heraus gewonnen hat, das spricht der letztere auf Grund des hellen, reinen Denkens aus.

Was Goethe mit einzelnen Naturvorgängen unternahm, sie durch ihr Werden, ihre Entwickelung zu erklären, das wendete Hegel auf den ganzen Kosmos an. Goethe fordert von dem, der das Wesen des Pflanzenorganismus begreifen will: „Werdend betrachte sie nun, wie nach und nach sich die Pflanze, stufenweise geführt, bildet zu Blüten und Frucht.“ Hegel will alle Welterscheinungen in der Stufenfolge ihres Werdens begreifen, vom einfachsten, dumpfen Wirken der trägen Materie bis hinauf zu dem selbstbewußten Geiste.

Reaktionäre Weltanschauungen.

„Die Knospe verschwindet in dem Hervorbrechen der Blüte, und man könnte sagen, daß jene von dieser widerlegt wird; ebenso wird durch die Frucht die Blüte für ein falsches Dasein der Pflanze erklärt, und als ihre Wahrheit tritt jene an die Stelle von dieser. Diese Formen unterscheiden sich nicht nur, sondern verdrängen sich auch als unverträglich mit einander. Aber ihre flüssige Natur macht sie zugleich zu Momenten der organischen Einheit, worin sie sich nicht nur nicht widerstreiten, sondern eins so notwendig als das andere ist, und diese gleiche Notwendigkeit macht erst das Leben des Ganzen aus.“ In diesen Worten Hegels ist einer der wichtigsten Charakterzüge seiner Vorstellungsart ausgesprochen. Er glaubte daran, daß die Dinge der Wirklichkeit den Widerspruch in sich tragen; und daß gerade darin der Antrieb zu ihrem Werden, zu ihrer lebendigen Bewegung liegt, daß sie diesen Widerspruch fortwährend zu überwinden suchen. Die Blüte würde niemals zur Frucht werden, wenn sie ohne Widerspruch wäre. Sie hätte dann keinen Anlaß, aus ihrem widerspruchlosen Dasein herauszugehen. Von einer genau entgegengesetzten Denkergesinnung ging Johann Friedrich Herbart (1776—1841) aus. Hegel ist ein scharfer Denker, aber zugleich ein wirklichkeitsdurstiger Geist. Er möchte nur Gedanken haben, die den reichen, gesättigten Gehalt der Welt in sich aufgenommen haben. Deshalb müssen seine Gedanken auch so in ewigem Flusse sein, in stetem Werden, in widerspruchvoller Fortbewegung wie die Wirklichkeit selbst. Herbart ist ganz abstrakter Denker; er sucht die Dinge nicht zu durchdringen, sondern er betrachtet sie von seiner Denkerecke aus. Den rein logischen Denker stört der Widerspruch; er verlangt klare Begriffe, die neben einander bestehen können. Der eine darf den anderen nicht beeinträchtigen. Er sieht sich der Wirklichkeit gegenüber, die nun einmal widerspruchvoll ist, in einer eigentümlichen Lage. Die Begriffe, die sie ihm liefert, befriedigen ihn nicht. Sie verstoßen gegen sein logisches Bedürfnis. Dieses Gefühl der Unzufriedenheit wird zum Ausgangspunkte seiner Weltanschauung. Herbart sagt sich: wenn mir die vor meinen Sinnen und meinem Geiste ausgebreitete Wirklichkeit widerspruchvolle Begriffe liefert, so kann sie nicht die wahre Wirklichkeit sein, nach der mein Denken strebt. Daraus entsteht ihm seine Aufgabe. Die widerspruchvolle Wirklichkeit ist gar nicht wirkliches Sein, sondern nur Schein. In dieser Auffassung schließt sich Herbart bis zu einem gewissen Grade an Kant an. Während aber dieser das wahre Sein als ein dem denkenden Erkennen Unerreichbares erklärt, glaubt Herbart gerade dadurch von dem Schein zum Sein vorzudringen, daß er die widerspruchvollen Begriffe des Scheins bearbeitet und in widerspruchlose verwandelt. Wie der Rauch auf das Feuer, so deutet der Schein auf ein ihm zu Grunde liegendes Sein. Wenn wir aus dem widerspruchvollen, unseren Sinnen und unserem Geiste gegebenen Weltbilde, ein widerspruchloses durch das logische Denken herausarbeiten, so haben wir in dem letzteren das, was wir suchen. Es erscheint uns zwar nicht in dieser seiner Widerspruchlosigkeit; aber es liegt hinter dem, was uns erscheint als die wahre, echte Wirklichkeit. Herbart geht also nicht darauf aus, die unmittelbar vorliegende Wirklichkeit als solche zu begreifen, sondern er schafft eine andere Wirklichkeit, durch die die erstere erst erklärlich werden soll. Er kommt dadurch zu einem abstrakten Gedankensystem, das sich gegenüber der reichen, vollen Wirklichkeit recht dürftig ausnimmt. Die wahre Wirklichkeit kann keine Einheit sein, denn eine solche müßte ja die unendliche Mannigfaltigkeit der wirklichen Dinge und Vorgänge mit allen ihren Widersprüchen in sich enthalten. Sie muß eine Vielheit von einfachen, sich ewig gleichen Wesen sein, in denen es kein Werden, keine Entwickelung giebt. Nur ein einfaches Wesen, das unveränderlich seine Merkmale bewahrt, ist widerspruchlos. Ein Wesen, das sich entwickelt, ist in einem Augenblicke etwas anderes als in dem anderen, das heißt, es widerspricht in einem Zeitpunkte der Eigenheit, die es in einem anderen hat. Eine Vielheit einfacher, sich nie ändernder Wesen ist also die wahre Welt. Und was wir wahrnehmen, sind nicht diese einfachen Wesen, sondern nur ihre Beziehungen zu einander. Diese Beziehungen haben mit dem wahren Wesen nichts zu thun. Wenn ein einfaches Wesen in eine Beziehung zu einem anderen tritt, so werden beide dadurch nicht verändert; ich aber nehme das Ergebnis ihrer Beziehung wahr. Unsere unmittelbare Wirklichkeit ist eine Summe von Beziehungen zwischen den wirklichen Wesen. Wenn ein Wesen aus seiner Beziehung zu einem Wesen heraustritt, und dafür in eine solche zu einem dritten Wesen kommt, so ist etwas geschehen, ohne daß von diesem Geschehen das Sein der Wesen selbst berührt worden ist. Dieses Geschehen nehmen wir wahr. Es ist unsere scheinbare, widerspruchvolle Wirklichkeit. Interessant ist, wie Herbart auf Grund dieser seiner Anschauung das Leben der Seele sich vorstellt. Diese ist ebenso wie alle anderen wirklichen Wesen ein Einfaches, in sich Unveränderliches. Es tritt nun in Beziehungen mit anderen seienden Wesen. Der Ausdruck dieser Beziehungen ist das Vorstellungsleben. Alles, was sich in uns abspielt: Vorstellen, Fühlen, Wollen ist ein Beziehungsspiel zwischen der Seele und der übrigen Welt der einfachen Seienden. Man sieht, das Seelenleben ist dadurch zu einem Schein von Verhältnissen gemacht, in die das einfache Seelenwesen mit der Welt eingeht. Herbart ist ein mathematischer Kopf. Und im Grunde ist seine ganze Weltvorstellung aus mathematischen Vorstellungen heraus geboren. Eine Zahl ändert sich nicht, wenn sie das Glied einer Rechnungsoperation wird. Drei bleibt Drei, ob es zu Vier addiert, oder von Sieben subtrahiert wird. Wie die Zahlen innerhalb der Rechnungsoperationen, so stehen die einfachen Wesen innerhalb der Beziehungen, die sich zwischen ihnen herausbilden. Und deshalb wird Herbart auch die Seelenkunde zu einem Rechenexempel. Er sucht die Mathematik auf die Psychologie anzuwenden. Wie sich die Vorstellungen gegenseitig bedingen, wie sie auf einander wirken, was für Ergebnisse sie durch ihr Zusammensein liefern, das wird von ihm berechnet. Das „Ich“ ist ihm nicht die geistige Wesenheit, die wir in unserem Selbstbewußtsein ergreifen, sondern es ist das Resultat des Zusammenwirkens aller Vorstellungen, somit nichts anderes als auch eine Summe, ein höchster Ausdruck von Beziehungen. Von dem einfachen Wesen, das unserem Seelenleben zu Grunde liegt, wissen wir nichts, wohl aber erscheinen uns seine fortwährenden Beziehungen zu anderen Wesen. In dieses Spiel von Beziehungen ist also ein Wesen verstrickt. Dies drückt sich in der Thatsache aus, daß sie alle nach einem Mittelpunkt hinstreben; und dieser Mittelpunkt ist der Ichgedanke.

Herbart gewinnt die Möglichkeit, von dem Gesichtspunkte dieser seiner Weltanschauung aus, die Gedanken der Unsterblichkeit, und eines weisen, zielbewußten gö[t]lichen Weltregierers zu retten. Für Fichte kann es eine Unsterblichkeit in dem gewöhnlichen Sinne nicht geben, denn das Ich als das wahre Seelenwesen ist nur insofern vorhanden, als es sich selbst erfaßt, ja sogar selbstthätig an seinem Dasein mitarbeitet. Sein Dasein geht in seinem Selbsterfassen auf. Nur durch sein Wollen greift es über sich hinaus. Es schafft etwas, was fortwirkt, auch wenn es nicht vorgestellt wird. Es lebt sich ein in eine Weltordnung, die hinausgeht über das Selbstbewußtsein. Diese Weltordnung ist für Fichte aber auch das göttliche Wesen. Gegenüber allen Kirchenreligionen muß eine solche religiöse Ansicht als Atheismus gelten. Fichte wurde desselben daher auch angeklagt und aus seiner jenenser Lehrthätigkeit als Gottesleugner entfernt. Schelling macht in seiner ersten Zeit den Geist, der im einzelnen Menschen erscheint, zu einem Erinnerungsbilde des göttlichen Wesens. Beide, Gott und endlicher Geist, sind also im Grunde ein und dasselbe. Der einzelne Geist kann sich aber doch nicht ein fortwährendes, abgesondertes Dasein zuschreiben; denn er ist in Gott. Nur Gott ist unsterblich, und die individuelle Seele ein Gedanke, eine Gedächtnisvorstellung innerhalb des Allgeistes. Wenn auch im Laufe seiner Entwickelung Schelling immer mehr von den menschlichen Seeleneigenschaften in seinen Gott hineingelegt hat, wenn er ihn auch immer persönlicher gemacht hat: dieses Verhältnis des Einzelgeistes zum Allgeist bleibt innerhalb seiner sich fortentwickelnden Weltanschauung dasselbe. Ähnlich liegt die Sache bei Hegel. Das Urwesen kommt im Einzelwesen zu seinem vollkommensten Ausdrucke. Aber wenn es sich diese seine vollkommenste Form nicht mehr wirklich giebt, ist das Urwesen nicht als Einzel-, sondern nur als Allgeist vorhanden. Man sieht, die Fragen nach Unsterblichkeit und Gott haben innerhalb der Weltanschauungen Fichtes, Schellings, Hegels in der Form, in der sie für Kant und seine Vorgänger eine Rolle spielen und in der theologischen Wissenschaft einheimisch sind, gar nicht aufgeworfen werden können. Es ist ein ganz anderes Verhältnis von Einzelgeist und Allgeist unter den Voraussetzungen dieser Philosophen vorhanden, als mit diesen Fragen gemeint ist.

Anders bei Herbart. Sein einfaches Seelenwesen ist unveränderlich. Es entsteht nicht, es vergeht nicht. Es war vorhanden, als dies scheinbare Leben begann, das der Mensch mit seinem Ich umschließt; und es wird sich aus diesen Beziehungen wieder loslösen, und fortbestehen, wenn dieses Leben aufhört. — Zu einer Gottesvorstellung ganz im theologischen Sinne kommt Herbart durch sein Weltbild, das viele einfache Wesen enthält, die das Geschehen durch ihre Beziehungen hervorbringen. Wir nehmen innerhalb dieses Geschehens Zweckmäßigkeit wahr. Die Beziehungen könnten aber, wenn die Wesen, die, ihrem eigenen Sein nach, gar nichts mit einander zu thun haben, sich selbst überlassen wären, nur zufällige, chaotische sein. Daß sie zweckmäßig sind, deutet also auf einen weisen Weltenlenker, der ihre Beziehungen ordnet. So hat neben Herbarts durch reines Denken gewonnenem Weltbilde ganz gut noch ein theologisches Platz. Fichte, Schelling, Hegel suchen nach einer Weltanschauung, die restlos das ganze menschliche Vorstellen aufsaugt, also auch das theologische; Herbart stellt sich in die Ecke mit seinem widerspruchlosen Weltbilde, und läßt neben seinem Denken das theologische bestehen. „Das Wesen der Gottheit näher zu bestimmen, vermag niemand", sagt er. „Die Anmaßungen der Systeme, die von Gott als einem bekannten, in scharfen Umrissen aufzufassenden Gegenstande reden, wodurch wir uns zu einem Wissen erheben könnten, für welches uns nun einmal die Data versagt sind" verurteilt er.

Das Handeln des Menschen und seine Kunstschöpfungen hängen in diesem Weltbild vollständig in der Luft. Es fehlt jede Möglichkeit, sie demselben einzufügen. Denn welches Verhältnis soll bestehen zwischen einer Beziehung einfacher Wesen, denen alle Vorgänge gleichgiltig sind, und zwischen den Thaten der Menschen? Daher muß Herbart sowohl für die Ethik als für die Ästhetik eine selbständige Wurzel suchen. Er glaubt sie im menschlichen Gefühle zu finden. Wenn der Mensch Dinge oder Vorgänge wahrnimmt, so kann sich das Gefühl des Gefallens oder Mißfallens daran knüpfen. So gefällt es uns, wenn der Wille eines Menschen eine Richtung nimmt, die mit dessen Überzeugung übereinstimmt. Wenn wir das Gegenteil wahrnehmen, setzt sich in uns das Gefühl des Mißfallens fest. Wegen dieses Gefühles nennen wir den Einklang der Überzeugung mit dem Wollen sittlich gut, den Mißklang sittlich verwerflich. Ein solches Gefühl kann sich nur an ein Verhältnis zwischen moralischen Elementen knüpfen. Der Wille als solcher ist uns moralisch gleichgiltig. Die Überzeugung auch. Erst wenn sie zusammenwirken, kommt ethisches Wohlgefallen oder Mißfallen zum Vorschein. Herbart nennt ein Verhältnis moralischer Elemente eine praktische Idee. Er zählt fünf solcher praktisch-ethischen Ideen auf: die Idee der sittlichen Freiheit, bestehend in der Übereinstimmung von Willen und Überzeugung; die Idee der Vollkommenheit, die darauf beruht, daß das Starke im Vergleich mit dem Schwachen gefällt; die Idee des Rechtes, die aus dem Mißfallen an dem Streit entspringt; die Idee des Wohlwollens, die das Gefallen ausdrückt, das man empfindet, wenn ein Wille den anderen fördert; und die Idee der Vergeltung, die fordert, daß alles Wohl und Wehe, das von einem Individuum ausgegangen ist, an diesem wieder ausgeglichen wird. Auf einem menschlichen Gefühle, auf der moralischen Empfindung baut Herbart die Ethik auf. Er sondert sie von der Weltanschauung, die es mit dem zu thun hat, was *ist*, und macht sie zu einer Summe von Forderungen dessen, was *sein soll*. Er verbindet sie mit der Ästhetik, ja macht sie zu einem Bestandteil derselben. Denn auch diese Wissenschaft enthält Forderungen über ein Seinsollendes. Auch sie hat es mit Verhältnissen zu thun, an die sich Gefühle knüpfen. Die einzelne Farbe läßt uns ästhetisch gleichgiltig. Wenn eine andere neben sie tritt, so kann dies Zusammensein uns befriedigen, oder mißfallen. Was in seinem Zusammensein gefällt, ist schön; was mißfällt ist häßlich. *Robert Zimmermann* (1824—98) hat auf diesen Grundsätzen eine Wissenschaft der Kunst auferbaut. Von ihr ist nur ein Teil die Ethik oder die Wissenschaft vom Guten, welche diejenigen schönen Verhältnisse betrachtet, die im Gebiete des Handelns in Betracht kommen.

Herbart hat, wegen seines auf das Mathematisch-Notwendige angelegten Geistes, mit Glück diejenigen Vorgänge des menschlichen Seelenlebens betrachtet, die wirklich bei allen Menschen in gleicher Weise sich mit einer gewissen Regelmäßigkeit abspielen. Die intimeren, individuelleren werden das natürlich nicht sein. Das Originelle und Eigenartige in jeder Persönlichkeit wird solch mathematischer Verstand übersehen. Er wird aber eine gewisse Einsicht in das Durchschnittsmäßige des Geistes erlangen und zugleich mit seiner rechnerischen Sicherheit eine Herrschaft über die Entwickelung des Geistes. Wie die mechanischen Gesetze es sind, die uns zur Technik befähigen, so die Gesetze des Seelenlebens zur Erziehung, zur Technik der Ausbildung der Seele. Deshalb ist Herbarts Arbeit auf dem Gebiete der Pädagogik fruchtbar geworden. Er hat unter Pädagogen eine reiche Anhängerschaft gefunden. Aber nicht nur unter diesen. Das scheint bei dieser Weltanschauung, die ein Bild dürftiger, grauer Allgemeinheiten bietet, nicht auf den ersten Blick einleuchtend. Es erklärt sich aber daraus, daß gerade die Weltanschauungbedürftigsten Naturen einen gewissen Hang nach solchen Allgemeinbegriffen haben, die sich mit starrer Notwendigkeit wie die Glieder eines Rechenexempels aneinanderreihen. Es hat etwas Bestrickendes, zu erleben, wie sich Gedankenglied an Gedankenglied kettet, weil es das Gefühl der Sicherheit erweckt. Man schätzt die mathematischen Wissenschaften wegen dieser Sicherheit so hoch. Sie bauen sich gleichsam von selbst auf; wir geben nur das Gedankenmaterial dazu her, und überlassen das weitere der selbstthätigen logischen Notwendigkeit. Bei dem Fortgang des Hegelschen Denkens, das mit Wirklichkeit gesättigt ist, müssen wir fortwährend eingreifen. Es ist mehr Wärme, mehr Unmittelbarkeit in diesem Denken; dafür aber bedarf sein Fortfließen immerwährend unseres Zuthuns. Es ist ja die Wirklichkeit, die wir in Gedanken einfangen; diese immer fließende, in jedem ihrer Punkte individuelle Wirklichkeit, die jeder logischen Starrheit widerstrebt. Auch Hegel hat zahlreiche Schüler und Anhänger. Aber diese sind weit weniger treu als diejenigen Herbarts. So lange Hegels mächtige Persönlichkeit seine Gedanken belebte, so lange übte sie ihren Zauber, und überzeugend wirkte, worauf dieser Zauber lag. Nach seinem Tode gingen viele seiner Schüler die eigenen Wege. Und das ist nur natürlich. Denn wer selbständig ist, wird auch sein Verhältnis zur Wirklichkeit auf selbständige Art gestalten. Bei Herbarts Schülern nehmen wir ein anderes wahr. Sie sind treu. Sie bilden die Lehren des Meisters fort; den Grundstock seiner Gedanken aber behalten sie in unveränderter Form bei. Wer sich in Hegels Denkweise einlebt, der vertieft sich in den Werdegang der Welt, der in unzähligen Entwickelungsstufen sich darlebt. Da kann der Einzelne zwar angeregt werden, diesen Weg des Werdens zu gehen; er kann aber die einzelnen Stufen nach seiner individuellen Vorstellungsart gestalten. Bei Herbart hat man es mit einem fest in sich gefügten Gedankensystem zu thun, das durch seine solide Struktur Vertrauen einflößt. Man kann es ablehnen. Nimmt man es aber an, dann wird man es auch in seiner ursprünglichen Gestalt annehmen müssen. Denn das Individuelle, das Persönliche, das zwingt, sein eigenes Selbst dem fremden Selbst gegenüberzustellen: dieses fehlt gerade.

* * *

„Das Leben ist eine mißliche Sache; ich habe mir vorgenommen, das meinige damit hinzubringen, über dasselbe nachzudenken.“ Diese Worte äußerte Arthur Schopenhauer (1788—1860) im Beginne seiner Universitätszeit einmal zu Wieland. Aus dieser Stimmung heraus ist seine Weltanschauung erwachsen. Harte eigene Erlebnisse und die Beobachtung trauriger Erfahrungen Anderer hatte Schopenhauer hinter sich, als er in der philosophischen Gedankenarbeit ein neues Lebensziel ergriff. Der plötzliche Tod des Vaters, der durch einen Fall von einem Speicher herbeigeführt wurde, die schlimmen Erlebnisse innerhalb des kaufmännischen Berufes, der Anblick von Schauplätzen des menschlichen Elends auf den Reisen, die der Jüngling machte, und vieles andere hatten in ihm weniger das Bedürfnis hervorgerufen, die Welt zu erkennen, weil er sie für des Erkennens wert erachtete, als vielmehr das ganz andere, in der Betrachtung der Dinge sich ein Mittel zu schaffen, sie zu ertragen. Er brauchte eine Weltanschauung zur Beruhigung seiner düsteren Gemütsverfassung. Als er 1809 die Universität bezog, waren die Gedanken, die Kant,

Fichte und Schelling der deutschen Weltanschauungsentwickelung einverleibt haben, in voller Nachwirkung. Hegels Stern war eben im Aufgehen. Er hatte 1806 sein erstes größeres Werk „die Phänomenologie des Geistes“ erscheinen lassen. In Göttingen hörte Schopenhauer die Lehren Gottlob Ernst Schulzes, des Verfassers des „Aenesidemus“, der zwar in gewisser Beziehung Kants Gegner war, der aber dem Studenten doch Kant und Plato als die beiden großen Geister bezeichnete, an die er sich zu halten habe. Mit Feuereifer versenkte sich Schopenhauer in Kants Vorstellungsart. Er bezeichnet die Revolution, die dadurch in seinem Kopfe hervorgebracht wurde, als eine geistige Wiedergeburt. Er findet bei ihr um so mehr seine Befriedigung, als er sie in voller Übereinstimmung findet mit den Ansichten des anderen Philosophen, auf den ihn Schulze hingewiesen hatte, mit denen Platos. Sagt doch dieser: so lange wir uns zu den Dingen und Vorgängen bloß wahrnehmend verhalten, sind wir wie Menschen, die in einer finsteren Höhle festgebunden sitzen, so daß sie den Kopf nicht drehen können, und nichts sehen, als beim Lichte eines hinter ihnen brennenden Feuers, an der ihnen gegenüberliegenden Wand, die Schattenbilder wirklicher Dinge, die zwischen ihnen und dem Feuer vorübergeführt werden, ja auch von einander und jeder von sich selbst nur die Schatten. Wie diese Schatten zu wirklichen Dingen, so verhalten sich unsere Wahrnehmungsdinge zu den Ideen, die das wahrhaft Wirkliche sind. Die Dinge der wahrnehmbaren Welt entstehen und vergehen, die Ideen sind ewig. Hat nicht Kant ein gleiches gelehrt? Ist nicht auch für ihn die wahrnehmbare Welt nur Erscheinungswelt? Zwar den Ideen hat der Königsberger Weise nicht diese urewige Wirklichkeit zugeschrieben; aber in der Auffassung der in Raum und Zeit ausgebreiteten Wirklichkeit herrscht, für Schopenhauer, zwischen Plato und Kant völlige Übereinstimmung. Bald wurde diese Ansicht auch seine unumstößliche Wahrheit. Er sagte sich: Ich erhalte von den Dingen Kenntnis, insofern ich sie sehe, höre, fühle u. s. w., mit einem Worte: insofern ich sie vorstelle. Ein Gegenstand ist für mich nur in meiner Vorstellung vorhanden. Himmel, Erde u. s. w. sind also meine Vorstellungen, denn das „Ding an sich", das ihnen entspricht, ist nur dadurch mein Gegenstand geworden, daß es den Charakter der Vorstellung angenommen hat.

So unbedingt richtig Schopenhauer nun alles fand, was Kant über den Vorstellungscharakter der Wahrnehmungswelt vorbrachte, so wenig befriedigt fühlte er sich durch dessen Bemerkungen über das „Ding an sich". Auch Schulze war ja ein Gegner dieser Ansichten Kants. Wie können wir von einem „Dinge an sich" etwas wissen, wie können wir überhaupt nur ein Wort über dasselbe aussprechen, wenn wir nur von Vorstellungen wissen, und das „Ding an sich" gänzlich außerhalb aller Vorstellung liegt? Schopenhauer mußte einen anderen Weg suchen, um zum „Ding an sich" zu kommen. Er wurde bei diesem Suchen viel mehr von den zeitgenössischen Weltanschauungen beeinflußt, als er je zugegeben hat. Das Element, das Schopenhauer zu seiner aus Kant und Plato gewonnenen Überzeugung hinzufügte, als Ding an sich, das treffen wir bei Fichte, dessen Vorlesungen er 1811 in Berlin gehört hat. Und wir treffen es auch bei Schelling. Die reifste Form der Ansichten Fichtes konnte Schopenhauer in Berlin hören. Uns ist diese Form in den nachgelassenen Schriften Fichtes überliefert. Dieser verkündet eindringlich, während ihm Schopenhauer — nach eigenem Geständnis — „aufmerksam zuhört", daß alles Sein zuletzt in einem Universalwillen begründet ist. Sobald der Mensch den Willen in sich vorfindet, gewinnt er die Überzeugung, daß es eine von seinem Individuum unabhängige Welt giebt. Der Wille ist nicht Wissen des Individuums, sondern eine Form des wirklichen Seins. Fichte hätte diese seine Weltanschauung auch bezeichnen können: „Die Welt als Wissen und Wille". Und in Schellings Schrift „über das Wesen der menschlichen Freiheit und die damit zusammenhängenden Gegenstände" steht doch der Satz: „Es giebt in der letzten und höchsten Instanz gar kein anderes Sein als **Wollen**. **Wollen** ist Ursein und auf dieses allein passen alle Prädikate desselben: Grundlosigkeit, Ewigkeit, Unabhängigkeit von der Zeit, Selbstbejahung. Die ganze Philosophie strebt nur dahin, diesen höchsten Ausdruck zu finden". — Daß Wollen Ursein ist, wird auch zu Schopenhauers Ansicht. Wenn das Wissen ausgelöscht wird, bleibt der Wille übrig. Denn der Wille geht dem Wissen voran. Das Wissen hat seinen Ursprung in meinem Gehirn. Dieses muß aber hervorgebracht sein durch eine thätige, schöpferische Kraft. Der Mensch kennt eine solche schöpferische Kraft in seinem eigenen Wollen. Schopenhauer sucht nun nachzuweisen, daß auch das, was in den übrigen Dingen wirksam ist, **Wille** ist. Der Wille liegt somit als „Ding an sich" der bloß vorgestellten Wirklichkeit zu Grunde. Und von diesem „Ding an sich" können wir wissen. Es liegt nicht, wie das Kantsche, jenseits unseres Vorstellens; wir erleben sein Wirken innerhalb unseres eigenen Organismus.

Auch Goethe übte einen tiefgehenden Einfluß auf Schopenhauer aus. Vom Herbst 1813 bis zum Mai 1814 genoß dieser den Umgang mit dem Dichter. Goethe führte den Philosophen persönlich in die Lehre von den Farben ein. Die Anschauungsart des ersteren entsprach vollständig den Vorstellungen, die sich Schopenhauer über die Art gebildet hatte, wie unsere Sinnesorgane und unser Geist verfahren, wenn sie Dinge und Vorgänge wahrnehmen. Goethe hatte über die Wahrnehmungen des Auges, über Licht und Farben sorgfältige und ausgedehnte Untersuchungen angestellt und deren Ergebnis in seinem Werke „Zur Farbenlehre" verarbeitet. Er ist zu Ansichten gelangt, die von denen Newtons, des Begründers der modernen Farbenlehre, abweichen. Man kann den Gegensatz, der zwischen Newton und Goethe auf diesem Gebiete besteht, nicht von dem richtigen Gesichtspunkte aus beurteilen, wenn man nicht von dem Grundunterschied in den Weltauffassungen der beiden Persönlichkeiten ausgeht. Goethe selbst hat leider durch seine Polemik gegen Newtons Farbenlehre viel dazu beigetragen, die Sache unklar zu machen. Er hat Fehler in einzelnen Versuchen und Lehrsätzen Newtons nachzuweisen gesucht. Wenn man aber, wie dies bei Goethe der Fall ist, auf dem Boden einer ganz anderen Betrachtungsweise steht als derjenige, den man bekämpft, dann sollte man nicht einzelne Sätze der gegnerischen Anschauung bekämpfen. Denn, so lange diese dieselbe bleibt, wird sich auch bei Richtigstellung von Fehlern im einzelnen an dem Gegensatz im großen und ganzen nichts ändern. Goethe betrachtet die Sinnesorgane des Menschen als die besten, die höchsten physikalischen Apparate. Für die Farbenwelt muß ihm daher das Auge die höchste Instanz sein zur Feststellung der gesetzmäßigen Zusammenhänge. Newton und die Physiker untersuchen die in Frage kommenden Erscheinungen in der Weise, die von Goethe als das „größte Unheil der neueren Physik" bezeichnet wird und die, wie bereits im anderen Zusammenhang (S. 71) angeführt, darin besteht, daß „man die Experimente gleichsam vom Menschen abgesondert hat, und bloß in dem, was künstliche Instrumente zeigen, die Natur erkennen, ja was sie leisten kann, dadurch beschränken und beweisen will". Das Auge nimmt Hell und Dunkel oder Licht und Finsternis, und innerhalb des hell-dunklen Beobachtungsfeldes die Farben wahr. Goethe bleibt innerhalb dieses Feldes stehen und sucht nachzuweisen, wie Licht, Finsternis und Farbe zusammenhängen. Newton und seine Anhänger wollen die Licht- und Farbenvorgänge beobachten, wie sie sich außerhalb des menschlichen Organismus im Raum abspielen, wie sie also auch verlaufen müßten, wenn es kein Auge gäbe. Eine solche vom Menschen abgesonderte Außensphäre hat aber für die Goethesche Weltanschauung keine Berechtigung. Nicht dadurch gelangen wir zum Wesen eines Dinges, daß wir von den Wirkungen absehen, die wir gewahr werden; sondern in der genauen, mit dem Geiste erfaßten Gesetzmäßigkeit dieser Wirkungen haben wir dieses Wesen gegeben. Die Wirkungen, die das Auge wahrnimmt, in ihrer Gesamtheit erfaßt und in ihrem gesetzmäßigen Zusammenhange dargestellt, sind das Wesen des Lichtes und der Farben — nicht eine vom Auge abgesonderte Welt äußerer Vorgänge, die mit künstlichen Instrumenten festgestellt werden soll. „Denn eigentlich unternehmen wir es umsonst, das Wesen eines Dinges auszudrücken. Wirkungen werden wir gewahr, und eine vollständige Geschichte dieser Wirkungen umfaßte allenfalls das Wesen jenes Dinges. Vergebens bemühen wir uns, den Charakter eines Menschen zu schildern; man stelle dagegen seine Thaten, seine Handlungen zusammen, und ein Bild des Charakters wird uns entgegentreten. Die Farben sind Thaten des Lichtes, Thaten und Leiden. In diesem Sinne können wir von denselben Aufschlüsse über das Licht erwarten. Farben und Licht stehen zwar unter einander in dem genauesten Verhältnis, aber wir müssen uns beide als der ganzen Natur angehörig denken; denn sie ist es ganz, die sich dadurch dem Sinne des Auges besonders offenbaren will.“ Man findet hier Goethes Weltansicht auf einen speziellen Fall angewendet. Im menschlichen Organismus, durch seine Sinne, durch seine Seele offenbart sich, was in der übrigen Natur verborgen liegt. Sie gelangt im Menschen an ihren Gipfel. Wer daher die Wahrheit der Natur außer dem Menschen sucht, wie Newton, der kann sie, nach Goethes Grundansicht, nicht finden.

Schopenhauer sieht in der Welt, die dem Geiste in Raum und Zeit gegeben ist, nur eine Vorstellung dieses Geistes. Das Wesen dieser Vorstellungswelt enthüllt sich uns in dem Willen, von dem wir unseren eigenen Organismus durchdrungen sehen. Er kann daher sich nicht einlassen auf eine physikalische Lehre, die das Wesen der Licht- und Farbenerscheinungen nicht in den dem Auge gegebenen Vorstellungen sieht, sondern in einer Welt, die abgesondert von dem Auge vorhanden sein soll. Goethes Vorstellungsart mußte ihm daher sympathisch sein, weil sie innerhalb der Vorstellungswelt des Auges stehen bleibt. Er fand in ihr eine Bestätigung dessen, was er selbst über diese Welt annehmen mußte. Der Kampf zwischen Goethe und Newton ist keine physikalische Frage, sondern eine Angelegenheit der ganzen Weltanschauung. Wer der Ansicht ist, daß sich über die Natur etwas ausmachen läßt durch Experimente, die vom Menschen abgesondert sind, der muß auf dem Boden der Newtonschen Farbenlehre stehen bleiben. Die moderne Physik ist dieser Ansicht. Sie kann daher über Goethes Farbenlehre nur das Urteil fällen, das Herrmann Helmholtz in seiner Abhandlung „Goethes Vorahnungen kommender naturwissenschaftlicher Ideen“ ausgesprochen hat: „Wo es sich um Aufgaben handelt, die durch die in Anschauungsbildern sich ergebenden dichterischen Divinationen gelöst werden können, hat sich der Dichter der höchsten Leistungen fähig gezeigt, wo nur die bewußt durchgeführte induktive Methode hätte helfen können, ist er gescheitert.“ Sieht man in den menschlichen Anschauungsbildern nur Produkte, die zu der Natur hinzukommen, so muß man feststellen, was in der Natur, abgesehen von diesen Anschauungsbildern, geschieht. Sieht man in ihnen, wie Goethe, Offenbarungen der in der Natur enthaltenen Wesenheiten, so wird man sich an sie halten, wenn man die Wahrheit erforschen will. Schopenhauer steht allerdings weder auf dem einen, noch auf dem anderen Standpunkte. Er will in den Wahrnehmungen der Sinne gar nicht das Wesen der Dinge erkennen; er lehnt die physikalische Methode ab, weil diese nicht bei dem stehen bleibt, was uns einzig und allein vorliegt, bei den Vorstellungen. Aber auch er hat die Frage aus einer rein physikalischen zu einer Weltanschauungsfrage gemacht. Und da er im Grunde doch auch bei seiner Weltanschauung von dem Menschen ausgegangen ist, nicht von einer vom Menschen abgesonderten Außenwelt, so mußte er sich für Goethe entscheiden. Denn dieser hat für die Farbenlehre die Konsequenz gezogen, die sich notwendig für den ergeben muß, der in dem Menschen mit seinen gesunden Sinnen den „größten und genauesten physikalischen Apparat“ sieht. Hegel, der als Philosoph ganz auf dem Boden dieser

Weltanschauung steht, muß daher energisch für Goethes Farbenlehre eintreten. Wir lesen in seiner Naturphilosophie: „Die dem Begriffe angemessene Darstellung der Farben verdanken wir Goethe'n, den die Farben und das Licht früh angezogen haben, sie zu betrachten, besonders dann von seiten der Malerei; und sein reiner, einfacher Natursinn, die erste Bedingung des Dichters, mußte solcher Barbarei der Reflexion, wie sie sich in Newton findet, widerstreben. Was von Plato an über Licht und Farbe statuiert und experimentiert worden ist, hat er durchgenommen. Er hat das Phänomen einfach aufgefaßt; und der wahrhafte Instinkt der Vernunft besteht darin, das Phänomen von der Seite anzufassen, wo er sich am einfachsten darstellt."

Der wesentliche Grund aller Weltvorgänge ist für Schopenhauer der Wille. Er ist ein ewiges, dunkles Streben nach Dasein. Er enthält keine Vernunft. Denn die Vernunft entsteht erst in dem menschlichen Gehirn, das vom Willen geschaffen wird. Während Hegel die Vernunft, den Geist zum Weltengrunde macht und in der menschlichen Vernunft nur eine individuelle Verwirklichung der allgemeinen Weltvernunft sieht, läßt Schopenhauer die Vernunft nur als Produkt des Gehirnes gelten, als eine Schaumblase, die zuletzt entsteht, wenn der vernunftlose dunkle Drang, der Wille, alles andere geschaffen hat. Bei Hegel sind alle Dinge und Vorgänge vernünftig, denn sie werden ja von der Vernunft hervorgebracht; bei Schopenhauer ist alles unvernünftig, denn es ist von dem unvernünftigen Willen hervorgebracht. An Schopenhauer sieht man so deutlich wie nur irgend möglich, das Wort Fichtes bestätigt: Was man für eine Weltanschauung wähle, das hängt davon ab, was für ein Mensch man ist. Schopenhauer hat böse Erfahrungen gemacht, er hat die Welt von ihrer schlechtesten Seite kennen gelernt, bevor er sich entschlossen hat, über sie nachzudenken. Ihn befriedigt es daher, diese Welt als in ihrem Wesen unvernünftig vorzustellen, als das Ergebnis eines blinden Willens. Die Vernunft hat, nach seiner

Denkweise, keine Macht über die Unvernunft. Denn sie entsteht selbst als das Ergebnis der Unvernunft, sie ist Schein und Traum, aus dem Willen herausgezeugt. Schopenhauers Weltanschauung ist die in Gedanken umgesetzte düstere Grundstimmung seines Gemütes. Sein Auge war nicht darauf eingestellt, die vernünftigen Einrichtungen des Daseins mit Freuden zu verfolgen; es sah nur die in Leiden und Schmerzen sich ausdrückende Unvernunft des blinden Willens. Seine Sittenlehre konnte sich daher auch nur auf die Wahrnehmung des Leidens gründen. Moralisch ist ihm eine Handlung nur, wenn sie auf dieser Wahrnehmung beruht. Das Mitleid muß Quelle der menschlichen Thaten sein. Was könnte der besseres thun, der einsieht, daß alle Wesen leiden, als alle seine Handlungen von dem Mitgefühl leiten lassen. Da in dem Willen das Unvernünftige und Schlechte liegt, so wird der Mensch moralisch um so höher stehen, je mehr er das ungestüme Wollen in sich ertötet. Der Ausdruck des Willens in der einzelnen Person ist die Selbstsucht, der Egoismus. Wer sich dem Mitgefühl hingiebt, also nicht für sich, sondern für andere will, der ist über den Willen Herr geworden. — Ein Weg, um von dem Willen loszukommen, besteht in der Hingabe an das Kunstschaffen und an die Eindrücke, die von Kunstwerken ausgehen. Der Künstler schafft nicht, weil er etwas begehrt, weil sein eigensüchtiges Wollen auf Dinge und Vorgänge gerichtet ist. Er schafft aus unegoistischer Freude. Er versenkt sich in das Wesen der Dinge als reiner Betrachter. Ebenso ist es bei dem Genießen der Kunstwerke. Wenn wir vor einem Kunstwerke stehen, und sich die Begierde in uns regt: wir möchten es besitzen, dann sind wir noch in die niedrigen Gelüste des Willens verstrickt. Erst wenn wir die Schönheit bewundern, ohne sie zu begehren, haben wir uns auf den erhabenen Standpunkt erhoben, auf dem wir nicht mehr von dem blinden Willen abhängig sind. Dann aber ist die Kunst für uns etwas geworden, was uns für Augenblicke erlöst von der Unvernuft des blind wollenden Daseins. Am reinsten ist diese Erlösung im Genusse der musikalischen

Kunstwerke. Denn die Musik spricht nicht durch die Vorstellung zu uns wie die anderen Kunstarten. Sie bildet nichts ab in der Natur. Da alle Naturdinge und Vorgänge nur Vorstellungen sind, so können die Künste, welche diese Dinge und Vorgänge zum Vorbild nehmen, auch nur als Verkörperungen von Vorstellungen an uns herankommen. Die Töne erzeugt der Mensch ohne natürliches Vorbild aus sich heraus. Weil er den Willen, als sein Wesen, in sich hat, so kann es auch nur der Wille sein, der die Welt der Musik aus sich ganz unmittelbar ausströmt. Deshalb spricht die Musik so stark zum menschlichen Gemüte, weil sie die Verkörperung dessen ist, was das innerste Wesen des Menschen, sein wahres Sein, den Willen, ausdrückt. Und es ist ein Triumph des Menschen, daß er eine Kunst hat, in der er willensfrei, selbstlos das genießt, was der Ursprung alles Begehrens, der Ursprung aller Unvernunft ist. Diese Anschauung Schopenhauers über die Musik ist wieder das Ergebnis seiner ganz persönlichen Eigenart. Schon als Hamburger Kaufmannslehrling schreibt er an seine Mutter: „Wie fand das himmlische Samenkorn Raum auf unserem harten Boden, auf welchem Notwendigkeit und Mängel um jedes Plätzchen streiten? Wir sind verbannt vom Urgeist und sollen nicht zu ihm empordringen. — Und doch hat ein mitleidiger Engel die himmlische Blume für uns erfleht und sie prangt hoch in voller Herrlichkeit auf diesem Boden des Jammers gewurzelt. — Die Pulsschläge der göttlichen Tonkunst haben nicht aufgehört, zu schlagen durch die Jahrhunderte der Barbarei und ein unmittelbarer Widerhall des Ewigen ist uns in ihr geblieben, jedem Sinn verständlich und selbst über Laster und Tugend erhaben."

Man kann an der Stellung, welche die beiden Gegenfüßler der Weltanschauung, Hegel und Schopenhauer, zur Kunst einnehmen, sehen, wie die Weltauffassung eingreift in das persönliche Verhältnis des Menschen zu den einzelnen Gebieten des Lebens. Hegel, der in der Vorstellungs- und Ideenwelt des Menschen das sah, worauf die ganze äußere

Natur als zu ihrer Vollendung hinstrebt, kann die vollkommenste Kunst auch nur in derjenigen sehen, wo der Geist am höchsten, am vollendetsten erscheint, und wo er doch zugleich an demjenigen haftet, was fortwährend nach ihm hinstrebt. Jedes Gebilde der äußeren Natur will Geist sein; aber es erreicht ihn nicht. Wenn nun der Mensch ein solches äußeres, räumliches Gebilde schafft, dem er den Geist einprägt, den es sucht, aber durch sich selbst nicht erreichen kann, dann hat er ein vollkommenes Kunstwerk geschaffen. Das ist in der Plastik der Fall. Was sonst nur im Innern der menschlichen Seele als gestaltloser Geist, als Idee erscheint, das gestaltet der plastische Künstler aus dem rohen Stoff heraus. Die Seele, das Gemüt, die wir in unserem Bewußtsein ohne Gestalt wahrnehmen: sie sprechen aus der Statue, aus einem Gebilde des Raumes. In dieser Vermählung von Sinnenwelt und geistiger Welt liegt das Kunstideal einer Weltanschauung, die im Hervorbringen des Geistes den Zweck der Natur sieht, also das Schöne auch nur in einem Werke sehen kann, das als unmittelbarer Ausdruck des an der Natur zum Vorschein kommenden Geistes erscheint. Wer dagegen, wie Schopenhauer in aller Natur nur Vorstellung sieht, der kann unmöglich dieses Ideal in einem Werke sehen, das die Natur nachahmt. Er muß zu einer Kunstart greifen, die frei von aller Natur ist: das ist die Musik.

Alles was zur Austilgung, ja Abtötung des Willens führt, sah Schopenhauer folgerichtig für erstrebenswert an. Denn ein Vertilgen des Willens bedeutet Vertilgen des Unvernünftigen in der Welt. Der Mensch soll nicht wollen. Er soll alles Begehren in sich ertöten. Die Askese ist daher Schopenhauers moralisches Ideal. Der Weise wird alle Wünsche in sich auslöschen, seinen Willen vollständig verneinen. Er bringt es so weit, daß kein Motiv ihn noch zum Wollen nötigt. Sein Streben besteht nur noch in dem quietistischen Drange nach Erlösung von allem Leben. In den weltverneinenden Lebensansichten des Buddhismus sah Schopenhauer eine hohe Weisheitslehre. Man kann daher seine Weltansicht gegenüber der Hegelschen eine reaktionäre nennen. Hegel suchte den Menschen überall mit dem Leben auszusöhnen, er strebte darnach, alles Handeln als die Mitarbeit an einer vernünftigen Ordnung der Welt darzustellen. Schopenhauer betrachtet die Lebensfeindschaft, die Abkehr von der Wirklichkeit, die buddhistische und christliche Weltflucht als Ideal des Weisen.

* * *

In der Hegelschen Art der Welt- und Lebensanschauung liegt etwas, was Zweifel und Fragen hervortreiben kann. Hegels Ausgangspunkt ist das reine Denken, die abstrakte Idee, die er selbst als „austernhaftes, graues oder ganz schwarzes“ Wesen bezeichnet (Brief an Goethe vom 20. Febr. 1821), von der er aber zugleich behauptet, daß sie aufzufassen sei als die „Darstellung Gottes, wie er in seinem ewigen Wesen vor der Erschaffung der Natur und eines endlichen Geistes ist“. Das Ziel, zu dem er kommt, ist der inhaltvolle, individuelle Menschengeist, durch den das erst zum Vorschein kommt, was in dem Grauen, Austernhaften nur ein schattenhaftes Dasein führt. Eine Persönlichkeit als lebendiges, selbstbewußtes Wesen ist also außer dem menschlichen Geiste nicht vorhanden. Hegel leitet daher das Inhaltreiche, das wir in uns erleben aus dem Ideellen ab, das wir erdenken müssen. Man kann es verstehen, daß Geister von einer gewissen Gemütsanlage sich von dieser Welt- und Lebensansicht abgestoßen fühlten. Nur Denker von solch selbstlos hingebungsvoller Art wie Karl Rosenkranz (1805—1879) waren imstande, sich ganz in den Gedankengang Hegels einzuleben und in voller Übereinstimmung mit diesem selbst ein Ideengebäude zu schaffen, das wie eine Wiedergabe des Hegelschen aus einer weniger bedeutenden Natur heraus erscheint. Andere konnten nicht begreifen, wie sich der Mensch durch die reine Idee aufklären soll über die Unendlichkeit und Mannigfaltigkeit der Eindrücke, die auf ihn einstürmen, wenn er den Blick auf die farben- und formenreiche Natur richtet, und wie er dadurch etwas gewinnen soll, daß er von den Erlebnissen der Empfindungs-, Gefühls- und Vorstellungswelt seiner Seele den Blick erhebt zu der eisigen Höhe des reinen Gedankens. Einen Ausdruck fand diese durch Hegels Vorstellungsart unbefriedigte Stimmung in der Gedankenströmung, die ihre Vertreter hatte in Franz Benedikt Baader (1765—1841), Karl Christian Friedrich Krause (1781—1832), Immanuel Hermann Fichte (1797—1879), Christian Hermann Weiße (1801—1866), Anton Günther (1785—1862), K. F. E. Trahndorff (1782—1863), Martin Deutinger (1815—1864) und Hermann Ulrici (1806—1884). Sie waren bestrebt, an die Stelle des grauen, austernhaften, reinen Gedankens Hegels ein lebenerfülltes, persönliches Urwesen, einen individuellen Gott zu setzen. Baader nannte es eine „gottesleugnerische Vorstellung“, zu glauben, Gott erlange erst im Menschen sein vollkommenes Dasein. Gott muß eine Persönlichkeit sein; und die Welt darf nicht so, wie sich das Hegel vorstellt, als ein logischer Prozeß aus ihm hervorgehen, in dem mit Notwendigkeit immer ein Begriff einen anderen hervortreibt. Nein, die Welt muß Gottes freie That, eine Schöpfung seines allmächtigen Willens sein. Dadurch nähern sich diese Denker der christlichen Offenbarungslehre. Sie zu rechtfertigen und wissenschaftlich zu begründen, wird der mehr oder weniger bewußte Zweck ihres Nachsinnens. Baader versenkte sich in die Mystik Jacob Böhmes (1575—1624), des Meisters Eckhart (1250—1329), Taulers (1290—1361) und Paracelsus' (1493—1541), in deren bilderreicher Sprache er ein viel geeigneteres Mittel fand, die tiefsten Wahrheiten auszusprechen, als in den reinen Gedanken der Hegelschen Lehre. Daß er auch Schelling veranlaßte, seine Gedanken durch Aufnahme Jacob Böhmischer Vorstellungen zu vertiefen, mit wärmerem Inhalt zu erfüllen, ist bereits ausgeführt worden (vergl. S. 84f.). Bemerkenswerte Erscheinungen innerhalb der Weltanschauungsentwickelung werden immer Persönlichkeiten wie Krause sein. Er war Mathematiker. Er hat sich durch den stolzen, logisch-vollkommenen Charakter dieser Wissenschaft nicht bestimmen lassen, die Weltanschauungsfragen, die seine tiefsten Geistesbedürfnisse befriedigen sollten, nach dem Muster der Methode zu lösen, die ihm in dieser Wissenschaft geläufig war. Der Typus für solche Denker ist der große Mathematiker Newton, der die Erscheinungen des sichtbaren Weltalls wie ein Rechenexempel behandelte und daneben die Grundfragen der Weltanschauung für sich in einer dem Offenbarungsglauben nahestehenden Weise befriedigte. Eine Ansicht, die das Urwesen der Welt in den Dingen und Vorgängen sucht, kann Krause nicht anerkennen. Wer Gott in der Welt sucht, wie Hegel, kann ihn nicht finden. Denn zwar ist die Welt in Gott, Gott aber nicht in der Welt, sondern als selbständiges, in sich seligruhendes Wesen vorhanden. Krauses Ideenwelt liegt zu Grunde der „Gedanke eines unendlichen, selbständigen Wesens, welches außer sich nichts hat, an sich aber und in sich als der eine Grund alles ist, und welches wir mithin auch als den Grund denken von Vernunft, Natur und Menschheit". Er will nichts gemeinsam haben mit einer Anschauung, welche „das Endliche oder die Welt als den Inbegriff des Endlichen für Gott selbst hält, vergöttert, mit Gott verwechselt". Man möge sich in die unseren Sinnen und unserem Geiste gegebene Wirklichkeit noch so vertiefen, niemals wird man dadurch zum Urgrunde alles Seins kommen, von dem man nur dadurch eine Vorstellung erhalten kann, daß man die Beobachtung alles endlichen Daseins begleitet sein läßt von dem ahnenden Schauen eines Überweltlichen. Immanuel Hermann Fichte hielt in seinen Schriften „Sätze zur Vorschule der Theologie" (1826) und „Beiträge zur Charakteristik der neuern Philosophie" (1829) eine scharfe Abrechnung mit dem Hegelianismus. Er hat in zahlreichen Werken dann seine Auffassung, daß ein bewußtes, persönliches Wesen den Welterscheinungen zu Grunde gelegt werden müsse, zu begründen und zu vertiefen gesucht. Um der Gegnerschaft gegen die von dem reinen Denken ausgehende Anschauung

Hegels eine nachdrückliche Wirkung zu verschaffen, verband er sich mit den gleichgesinnten Freunden Weiße, Sengler, K. Ph. Fischer, Chalybäus, Fr. Hoffmann, Ulrici, Wirth u. a. im Jahre 1837 zur Herausgabe der „Zeitschrift für Philosophie und spekulative Theologie". Nach J. H. Fichtes Überzeugung ist nur derjenige zu der höchsten Erkenntnis emporgestiegen, der begriffen hat, daß „der höchste, wahrhaft das Weltproblem lösende Gedanke die Idee des in seiner idealen, wie realen Unendlichkeit sich wissenden, durchschauenden Ursubjekts oder der absoluten Persönlichkeit" ist. „Die Weltschöpfung und Erhaltung, was eben die Weltwirklichkeit ausmacht, besteht lediglich in der ununterbrochenen, vom Bewußtsein durchdrungenen Willenserweisung Gottes, so daß er nur Bewußtsein und Wille, beides aber in höchster Einheit, er allein mithin Person, oder sie im eminentesten Sinne ist." Chr. Hermann Weiße glaubte von der Hegelschen Weltanschauung zu einer vollkommen theologischen Betrachtungsweise aufsteigen zu müssen. In der christlichen Idee von den drei Persönlichkeiten in der einigen Gottheit sah er das Ziel seines Denkens. Diese Idee suchte er daher mit einem ungemeinen Aufwand von Scharfsinn als Ergebnis eines natürlichen, unbefangenen Denkens hinzustellen. Bei ihm ist die philosophische Weltanschauung wieder vollständig an dem Punkte angekommen, an dem sie zur Zeit der Scholastik stand. Die Vernunft wird zur Stütze des Offenbarungsglaubens. Etwas unendlich reicheres als Hegel mit seiner grauen Idee glaubte Weiße zu besitzen in seiner dreieinigen persönlichen Gottheit, der lebendiger Wille eigen ist. Dieser lebendige Wille „wird, mit einem Worte, der innergöttlichen Natur ausdrücklich die Gestalt und keine andere geben, welche in der heiligen Schrift alten und neuen Testamentes allerorten vorausgesetzt wird, wenn sie Gott sowohl vor der Schöpfung der Welt, als auch bei und nach derselben in dem lichten Elemente seiner Herrlichkeit, als umgeben von einer unabsehbaren Heerschar dienender Geister mit einer flüssigen, immateriellen Leiblichkeit vorstellt, durch die ihm überall ausdrücklich auch sein Verkehr mit der geschaffenen Welt vermittelt wird".

Anton Günther, der „Wiener Philosoph" und der unter seinem Einfluß stehende Martin Deutinger bewegen sich mit ihren Weltanschauungsgedanken ganz innerhalb des Rahmens der katholisch-theologischen Vorstellungsart. Der erstere sucht den Menschen dadurch von der natürlichen Weltordnung loszulösen, daß er ihn in zwei Stücke zertrennt, in ein Naturwesen, das der notwendigen Gesetzmäßigkeit wie die niedrigeren Dinge angehört, und in ein Geistwesen, das ein selbständiger Teil einer höheren Geisterwelt ist und ein Dasein hat wie ein „seiendes" Wesen bei Herbart. Er glaubte dadurch das Hegeltum, das im Geiste nur eine höhere Stufe des Naturdaseins sieht, zu überwinden, und eine christliche Weltanschauung zu begründen. Die Kirche selbst war nicht dieser Ansicht, denn in Rom wurden Günthers Schriften auf den Index der verbotenen Bücher gesetzt. Deutinger kämpfte heftig gegen Hegels reines Denken, das, nach seiner Ansicht, das lebensvolle Sein nicht verschlingen dürfe. Der lebendige Wille gilt ihm höher, als der reine Gedanke. Jener kann als schaffender wirklich etwas hervorbringen; dieser ist machtlos und abstrakt. Diesen lebendigen Willen macht auch Trahndorff zu seinem Ausgangspunkte. Nicht aus dem Schattenreich der Ideen kann die Welt erklärt werden, sondern der kraftvolle Wille muß diese Ideen ergreifen, um wirkliches Dasein zu schaffen. Nicht im denkenden Begreifen der Welt erschließt sich dem Menschen deren tiefster Gehalt, sondern in einer Gemütserregung, in der Liebe, durch die sich der Einzelne an die Gesamtheit, an den im All waltenden Willen hingiebt. Man sieht es ganz deutlich: alle diese reaktionären Denker sind bemüht, das Denken und seinen Gegenstand, die reine Idee, zu überwinden. Sie wollen dieses Denken nicht als die höchste Geistesäußerung des Menschen gelten lassen. Trahndorff will, um das Urwesen der Welt zu begreifen, dieses nicht erkennen, sondern lieben. Es soll ein Gegenstand für das Gemüt, nicht für die Vernunft sein. Durch das klare, reine Denken, glauben diese Philosophen, werde die warme, religiöse Hingabe an die Urkräfte des Daseins zerstört.

Dieser letzteren Vorstellung liegt eine mißverständliche Auffassung der Hegelschen Gedankenwelt zu Grunde. Dieses Mißverständnis trat besonders in den Anschauungen zu Tage, die sich nach Hegels Tode über dessen Stellung zur Religion geltend machten. Die Unklarheit, die über diese Stellung herrschend wurde, spaltete die Anhängerschaft Hegels in eine Partei, die in seiner Weltanschauung eine feste Stütze des geoffenbarten Christentums erblickte, und in eine solche, die seine Lehre gerade dazu benutzte, die christlichen Anschauungen aufzulösen und durch eine radikal freigeistige Ansicht zu ersetzen.

Weder die eine, noch die andere Partei hätte sich auf Hegel berufen können, wenn sie ihn richtig verstanden hätten. Denn in Hegels Weltanschauung liegt nichts, was zur Stütze einer Religion dienen oder zu deren Auflösung führen kann. So wenig Hegel irgend eine Erscheinung der Natur aus dem reinen Gedanken heraus schaffen wollte, so wenig wollte er das mit einer Religion thun. Wie er aus den Vorgängen der Natur den reinen Gedanken herauslösen und sie dadurch begreifen wollte, so verfolgte er auch bei der Religion lediglich das Ziel, ihren Gedankengehalt an die Oberfläche zu bringen. Wie er alles in der Welt als vernünftig ansah, weil es wirklich ist, so auch die Religion. Sie muß da sein, geschaffen durch ganz andere Seelenkräfte, als dem Denker zur Verfügung stehen, wenn dieser an sie herantritt, um sie zu begreifen. Es war auch der Irrtum der J. H. Fichte, Chr. H. Weiße, Deutinger u. a., daß sie Hegel deshalb bekämpften, weil er nicht von der Sphäre des reinen Gedankens fortgeschritten sei zu dem religiösen Erfassen der persönlichen Gottheit. Eine solche Aufgabe hat sich aber Hegel nie gestellt. Sie betrachtete er als Sache des religiösen Bewußtseins. Fichte, Weiße, Krause, Deutinger u. a. wollten aus der Weltanschauung heraus eine Religion schaffen. Hegel wäre eine solche Aufgabe ebenso absurd vorgekommen, wie wenn jemand aus der Idee des Lichtes heraus die Welt hätte erleuchten wollen; oder aus dem Gedanken des Magnetismus einen Magneten erschaffen. Allerdings stammt, nach seiner Ansicht, sowie die ganze Natur- und Geisteswelt, auch die Religion aus der Idee. Deshalb kann der menschliche Geist diese Idee in der Religion wieder finden. Aber wie der Magnet aus dem Gedanken des Magnetismus geschaffen ist vor dem Entstehen des menschlichen Geistes, und dieser hinterher diese Entstehung nur zu begreifen hat, so ist auch die Religion aus dem Gedanken geworden, bevor dieser Gedanke in der menschlichen Seele als ein Bestandteil der Weltanschauung aufleuchtet. Hegel würde, wenn er die Religionskritik seiner Schüler erlebt hätte, zu dem Ausspruche gedrängt worden sein: Lasset die Hände weg von aller Grundlegung einer Religion, von allem Schaffen religiöser Vorstellungen, so lange ihr Denker bleiben wollt und nicht Messiasse werden wollt. Die Weltanschauung Hegels kann, richtig verstanden, nicht zurückwirken auf das religiöse Bewußtsein. Wer über die Kunst nachdenkt, steht zu dieser in dem gleichen Verhältnisse wie derjenige zur Religion, der deren Wesen ergründen will.

* * *

Dem Kampf der Weltanschauungen dienten die von Arnold Ruge und Theodor Echtermeyer in den Jahren 1838—43 herausgegebenen „Hallischen Jahrbücher". Von einer Verteidigung und Erklärung Hegels gingen sie bald zu einer selbständigen Fortbildung seiner Ideen weiter und führten auf diese Weise zu den Gesichtspunkten hinüber, die wir im nächsten Aufsatz als diejenigen der „radikalen Weltanschauungen" kennzeichnen. Vom Jahre 1841 an nennen die Herausgeber ihre Zeitschrift „Deutsche Jahrbücher" und betrachten als eines ihrer Ziele den „Kampf gegen die politische Unfreiheit, gegen Feudal- und Landgutstheorie“. Sie griffen als radikale Politiker in die Zeitentwickelung ein, forderten einen Staat, in dem vollkommene Freiheit herrscht. Sie entfernten sich somit von dem Geiste Hegels, der nicht Geschichte machen, sondern Geschichte begreifen wollte.

Die radikalen Weltanschauungen.

Im Beginne der vierziger Jahre führt ein Mann kräftige Schläge gegen die Weltanschauung Hegels, der sich vorher gründlich und intim in sie eingelebt hatte. Es ist Ludwig Feuerbach (1804—1872). Die Kriegserklärung gegen die Weltanschauung, aus der er herausgewachsen war, ist in radikaler Form gegeben in seinen Schriften: „Vorläufige Thesen zur Reform der Philosophie" (1842) und in den „Grundsätzen der Philosophie der Zukunft" (1843). Die weitere Ausführung seiner Gedanken können wir in seinen anderen Schriften verfolgen: „Das Wesen des Christentums" (1841), „Das Wesen der Religion" (1845) und in der „Theogonie" (1857). — In dem Wirken Ludwig Feuerbachs wiederholte sich auf dem Gebiete der Geisteswissenschaft ein Vorgang, der sich fast ein Jahrhundert früher auf dem naturwissenschaftlichen Gebiet (1759) durch das Auftreten Caspar Friedrich Wolffs vollzogen hat. Die That Wolffs bedeutet eine Reform der Idee der Entwickelung auf dem Felde der Wissenschaft von den Lebewesen. Wie die Entwickelung vor Wolff verstanden wurde, das ist am deutlichsten aus den Ansichten des Mannes zu ersehen, welcher der Umwandlung dieser Vorstellung den heftigsten Widerspruch entgegengesetzt hat: Albrecht von Hallers. Dieser Mann, in dem die Physiologen mit Recht einen der bedeutendsten Geister ihrer Wissenschaft verehren, konnte sich die Entwickelung eines lebendigen Wesens nicht anders vorstellen, als so, daß der Keim bereits alle Teile, die während des Lebensverlaufes auftreten, im kleinen, aber vollkommen vorgebildet enthalte. Die Entwickelung soll also Auswickelung eines schon Dagewesenen sein, das zuerst wegen seiner Kleinheit oder aus anderen Gründen für die Wahrnehmung verborgen war. Wird diese Anschauung konsequent festgehalten, so entsteht im Laufe der Entwickelung nichts Neues, sondern es wird ein Verborgenes, Eingeschachteltes fortlaufend an das Licht des Tages gebracht. Haller hat diese Ansicht ganz schroff vertreten. In der Urmutter Eva war im kleinen, verborgen, schon das ganze Menschengeschlecht vorhanden. Diese Menschenkeime sind nur im Laufe der Weltgeschichte ausgewickelt worden. Man sehe wie der Philosoph Leibniz (1646—1716) die gleiche Vorstellung ausspricht: „So sollte ich meinen, daß die Seelen, welche eines Tages menschliche Seelen sein werden, im Samen, wie jene von anderen Spezies, dagewesen sind, daß sie in den Voreltern bis auf Adam, also seit dem Anfang der Dinge, immer in der Form organisierter Dinge existiert haben." Nun hat Wolff in seiner 1759 erschienenen „Theoria generationis" dieser Idee der Entwickelung eine andere gegenübergestellt, die von der Annahme ausgeht, daß Glieder, die im Verlaufe des Lebens eines Organismus auftreten, vorher in keiner Weise vorhanden waren, sondern in dem Zeitpunkte, in dem sie wahrnehmbar werden, auch als wirkliche Neubildungen erst entstehen. Wolff zeigte, daß in dem Ei nichts von der Form des ausgebildeten Organismus vorhanden ist, sondern daß dessen Entwickelung eine Kette von Neubildungen ist. Diese Ansicht macht erst die Vorstellung eines wirklichen Werdens möglich. Denn sie erklärt, daß etwas entsteht, was noch nicht dagewesen ist, also im wahren Sinne „wird".

Hallers Ansicht leugnet das Werden, da sie nur ein fortlaufendes Sichtbarwerden eines schon Dagewesenen zugiebt. Dieser Naturforscher setzte daher der Idee Wolffs den Machtspruch entgegen: „Es giebt kein Werden" (Nulla est epigenesis!). Damit hat er in der That bewirkt, daß Wolffs Anschauung Jahrzehnte lang gänzlich unberücksichtigt geblieben ist. Goethe schreibt den Widerstand, der seinen Bemühungen um die Erklärung der Lebenswesen entgegengebracht worden ist, der Einschachtelungslehre in die Schuhe. Er hat sich bestrebt, die Gestaltungen innerhalb der organischen Natur aus ihrem Werden, ganz im Sinne einer wahrhaften Entwickelungsansicht zu verstehen, wonach das an einem Lebewesen zum Vorschein Kommende nicht schon verborgen dagewesen ist, sondern wirklich erst entsteht, wenn es erscheint. Er schreibt 1817, daß dieser Versuch, der seiner 1790 verfaßten Schrift über die Metamorphose der Pflanzen zu Grunde lag, eine „kalte, fast unfreundliche Begegnung zu erfahren hatte. Solcher Widerwille jedoch war ganz natürlich: die Einschachtelungslehre, der Begriff von Präformation, von successiver Entwickelung des von Adams Zeiten her schon Vorhandenen hatten sich selbst der besten Köpfe im allgemeinen bemächtigt". Auch in Hegels Weltanschauung war noch ein Rest der alten Einschachtelungslehre. Der reine Gedanke, der im Menschengeiste erscheint: er sollte in allen Erscheinungen eingeschachtelt liegen, bevor er in dem Menschen zum wahrnehmbaren Dasein gelangt. Vor die Natur und den individuellen Geist setzt Hegel diesen reinen Gedanken, der gleichsam sein soll die „Darstellung Gottes, wie er in seinem ewigen Wesen vor der Erschaffung" der Welt. Die Entwickelung der Welt stellt sich somit als eine Auswickelung des reinen Gedankens dar. Der Protest Ludwig Feuerbachs gegen die Weltanschauung Hegels beruht darauf, daß er ein Vorhandensein des Geistes vor seinem wirklichen Auftreten in dem Menschen eben so wenig anerkennen konnte, wie Wolff zuzugeben imstande war, daß die Teile des lebendigen Organismus schon im Ei vorgebildet seien. Wie dieser in den Organen des Lebewesens Neubildungen sah, so Feuerbach in dem individuellen Geiste des Menschen. Dieser ist in keiner Weise vor seinem wahrnehmbaren Dasein vorhanden; er entsteht erst in dem Zeitpunkte, in dem er wirklich auftritt. Es ist also unberechtigt, von einem Allgeist, von einem göttlichen Wesen zu sprechen, in dem der einzelne Geist seinen Ursprung habe. Es ist kein vernünftiges Sein vor seinem thatsächlichen Auftreten in der Welt vorhanden, das sich den Stoff, die wahrnehmbare Welt so gestaltet, daß zuletzt im Menschen sein Abbild zur Erscheinung kommt, sondern vor der Entstehung des Menschengeistes sind nur vernunftlose Stoffe und Kräfte vorhanden, die aus sich heraus ein Nervensystem gestalten, das sich im Gehirn konzentriert; und in diesem entsteht als vollkommene Neubildung etwas noch nicht Dagewesenes: die menschliche, vernunftbegabte Seele. Für eine solche Weltanschauung giebt es keine Möglichkeit, die Vorgänge und Dinge von einem geistigen Urwesen abzuleiten. Denn ein Geistwesen ist eine Neubildung infolge der Organisation des Gehirns. Und wenn der Mensch Geistiges in die Außenwelt versetzt, so stellt er sich völlig willkürlich vor, daß ein Wesen, wie es seinen eigenen Handlungen zu Grunde liegt, außer ihm vorhanden sei und die Welt regiere. Jegliches geistige Urwesen muß der Mensch aus seiner Phantasie heraus erst erschaffen; die Dinge und Vorgänge der Welt geben keine Veranlassung, ein solches anzunehmen. Nicht das geistige Urwesen, in dem die Dinge eingeschachtelt liegen, hat den Menschen nach seinem Ebenbilde geschaffen, sondern der Mensch hat sich nach seinem eigenen Wesen das Phantasiebild eines solchen Urwesens geformt. Das ist Feuerbachs Überzeugung. „Das Wissen des Menschen von Gott ist das Wissen des Menschen von sich, von seinem eigenen Wesen. Nur die Einheit des Wesens und Bewußtseins ist Wahrheit. Wo das Bewußtsein Gottes, da ist auch das Wesen Gottes — also im Menschen." Der Mensch fühlte sich nicht stark genug, sich ganz auf sich selbst zu stützen; deshalb schuf er sich nach dem eigenen Bilde ein unendliches Wesen, das er verehrt und anbetet. Die Hegelsche Weltanschauung hat zwar alle anderen Eigenschaften aus dem Urwesen entfernt; sie hat aber für dasselbe noch die Vernünftigkeit beibehalten. Feuerbach entfernt auch diese; und damit hat er das Urwesen selbst beseitigt. Er setzt an die Stelle der Gottesweisheit völlig die Weltweisheit. Als einen notwendigen Wendepunkt in der Weltanschauungsentwickelung bezeichnet Feuerbach das „offene Bekenntnis und Eingeständnis, daß das Bewußtsein Gottes nichts anderes ist als das Bewußtsein“ der Menschheit, daß der Mensch kein „anderes Wesen als absolutes, als göttliches Wesen denken, ahnden, vorstellen, fühlen, glauben, wollen, lieben und verehren kann als das menschliche Wesen“. Es giebt eine Anschauung von der Natur und eine solche von dem Menschengeiste, aber keine von dem Wesen Gottes. Nichts ist wirklich als das Thatsächliche. „Das Wirkliche in seiner Wirklichkeit oder als Wirkliches ist das Wirkliche als Objekt des Sinns, ist das Sinnliche. Wahrheit, Wirklichkeit, Sinnlichkeit sind identisch. Nur ein sinnliches Wesen ist ein wahres, ein wirkliches Wesen. Nur durch die Sinne wird ein Gegenstand im wahren Sinn gegeben — nicht durch das Denken für sich selbst. Das mit dem Denken gegebene oder identische Objekt ist nur Gedanke.“ Das heißt denn doch nichts anderes als: das Denken tritt im menschlichen Organismus als Neubildung auf; und man ist nicht berechtigt, sich vorzustellen, daß der Gedanke vor seinem Auftreten schon in irgend einer Form in der Welt eingeschachtelt verborgen gelegen hat. Man soll nicht die Beschaffenheit des thatsächlich Vorhandenen dadurch erklären wollen, daß man es aus einem schon Dagewesenen ableitet. Wahr und göttlich ist nur das Thatsächliche, was „unmittelbar sich selbst gewiß ist, unmittelbar für sich spricht und einnimmt, unmittelbar die Bejahung, daß es ist, nach sich zieht — das schlechthin Entschiedene, schlechthin Unzweifelhafte, das Sonnenklare. Aber sonnenklar ist nur das Sinnliche; nur wo die Sinnlichkeit anfängt, hört aller Zweifel und Streit auf. Das Geheimnis des unmittelbaren Wissens ist die Sinnlichkeit“. Feuerbachs Bekenntnis gipfelt in den Worten: „Die Philosophie zur Sache der Menschheit zu machen, das war mein erstes Bestreben. Aber wer einmal diesen Weg einschlägt, kommt notwendig zuletzt dahin, den Menschen zur Sache der Philosophie zu machen.“ „Die neue Philosophie macht den Menschen mit Einschluß der Natur, als der Basis des Menschen, zum alleinigen, universalen und höchsten Gegenstand der Philosophie — die Anthropologie also, mit Einschluß der Physiologie zur Universalwissenschaft.“ Feuerbach fordert, daß die Vernunft nicht als Ausgangspunkt an die Spitze der Weltanschauung gestellt werde, wie dies Hegel thut, sondern daß sie als Entwickelungsprodukt, als Neubildung betrachtet werde an dem menschlichen Organismus, an dem sie thatsächlich auftritt. Und ihm ist jede Abtrennung des Geistigen von dem Leiblichen zuwider, weil es nicht anders verstanden werden kann denn als Entwickelungsergebnis des Leiblichen. „Wenn der Psycholog sagt: ich unterscheide mich von meinem Leibe, so ist damit eben so viel gesagt, als wenn der Philosoph in der Logik oder in der Metaphysik der Sitten sagt, ich abstrahiere von der menschlichen Natur. Ist es möglich, daß du von deinem Wesen abstrahierst? Abstrahierst du denn nicht als Mensch? Denkst du ohne Kopf? Die Gedanken sind abgeschiedene Seelen. Gut; aber ist nicht auch die abgeschiedene Seele noch ein treues Bild des weiland leibhaftigen Menschen? Ändern sich nicht selbst die allgemeinsten metaphysischen Begriffe, die Begriffe von Sein und Wesen, so wie sich das wirkliche Sein und Wesen des Menschen ändert? Was heißt also: ich abstrahiere von der menschlichen Natur? Nichts weiter als ich abstrahiere vom Menschen, wie er Gegenstand meines Bewußtseins und Denkens ist, aber nimmermehr vom Menschen, der hinter meinem Bewußtsein liegt, d. h. von meiner Natur, an die nolens volens unauflöslich meine Abstraktion gebunden ist. So abstrahierst du denn auch als Psycholog in Gedanken von deinem Leibe, aber gleichwohl bist du im Wesen aufs innigste mit ihm verbunden, d. h. du denkst dich unterschieden von ihm, aber du bist deswegen noch lange nicht von ihm wirklich unterschieden.... Hat nicht auch Lichtenberg Recht, wenn er behauptet: man sollte eigentlich nicht sagen, ich denke, sondern es denkt. Wenn also gleich das: Ich denke, sich vom Leibe unterscheidet, folgt daraus, daß auch das: Es denkt, das Unwillkürliche in unserem Denken, die Wurzel und Basis des: Ich denke, vom Leibe unterschieden ist? Woher kommt es denn, daß wir nicht zu jeder Zeit denken können, daß uns nicht die Gedanken nach Belieben zu Gebote stehen, daß wir oft mitten in einer geistigen Arbeit trotz der angestrengtesten Willensbestrebungen nicht von der Stelle kommen, bis irgend eine äußere Veranlassung, oft nur eine Witterungsveränderung die Gedanken wieder flott macht? Daher, daß auch die Denkthätigkeit eine organische Thätigkeit ist. Warum müssen wir oft Jahre lang Gedanken mit uns herumtragen, ehe sie uns klar und deutlich werden? Darum, weil auch die Gedanken einer organischen Entwickelung unterworfen sind, auch die Gedanken reifen und zeitigen müssen, so gut als die Früchte auf dem Felde und die Kinder im Mutterleibe."

* * *

Treffend weist hier Feuerbach auf Georg Christoph Lichtenberg hin, den im Jahre 1799 verstorbenen Denker, der mit mancher seiner Ideen als ein Vorläufer der Weltanschauung betrachtet werden muß, die in Geistern wie Feuerbach einen Ausdruck gefunden hat, und der mit seinen anregenden Vorstellungen wohl nur deshalb nicht so befruchtend für das neunzehnte Jahrhundert geworden ist, weil die alles überschattenden mächtigen Gedankengebäude Fichtes, Schelling, Hegels die Geistesentwickelung so in Anspruch genommen haben, daß aphoristische Ideenblitze, wenn sie auch so erhellend waren wie die Lichtenbergs, übersehen werden konnten. Man braucht nur an einzelne Aussprüche des bedeutenden Mannes zu erinnern, um zu zeigen, wie in der von Feuerbach eingeleiteten Gedankenbewegung sein Geist wieder auflebte. „Gott schuf den Menschen nach seinem Bilde, das heißt vermutlich, der Mensch schuf Gott nach dem seinigen." „Unsere Welt wird noch so fein werden, daß es so lächerlich sein wird, einen Gott zu glauben, als heutzutage Gespenster." „Ist denn wohl unser Begriff von

Gott etwas anderes als personifizierte Unbegreiflichkeit?" „Die Vorstellung, die wir uns von einer Seele machen, hat viel Ähnlichkeit mit der von einem Magneten in der Erde. Es ist bloß Bild. Es ist ein dem Menschen angeborenes Erfindungsmittel, sich alles unter dieser Form zu denken." „Anstatt daß sich die Welt in uns spiegelt, sollten wir vielmehr sagen, unsere Vernunft spiegelt sich in der Welt. Wir können nichts anderes, wir müssen Ordnung und weise Regierung in der Welt erkennen, dies folgt aus der Einrichtung unserer Denkkraft. Es ist aber noch keine Folge, daß etwas, was wir notwendig denken müssen, auch wirklich so ist .... also daraus läßt sich kein Gott erweisen." „Wir werden uns gewisser Vorstellungen bewußt, die nicht von uns abhängen; andere glauben wir wenigstens hängen von uns ab; wo ist die Grenze? Wir kennen nur allein die Existenz unserer Empfindungen, Vorstellungen und Gedanken. Es denkt, sollte man sagen, sowie man sagt: es blitzt." Hätte Lichtenberg bei solchen Gedankenansätzen die Fähigkeit gehabt, eine in sich harmonische Weltanschauung auszubilden: er hätte nicht in dem Grade unberücksichtigt bleiben können, in dem dies geschehen ist. Zur Bildung einer Weltanschauung gehört nicht nur Überlegenheit des Geistes, die er besaß, sondern auch das Vermögen, Ideen im Zusammenhange allseitig auszugestalten und plastisch zu runden. Dies Vermögen ging ihm ab. Seine Überlegenheit spricht sich in einem vortrefflichen Urteile über das Verhältnis Kants zu seinen Zeitgenossen aus: „Ich glaube, daß, so wie die Anhänger des Herrn Kant ihren Gegnern immer vorwerfen, sie verständen ihn nicht, so auch manche glauben, Herr Kant habe Recht, weil sie ihn verstehen. Seine Vorstellungsart ist neu und weicht von der gewöhnlichen sehr ab; und wenn man nun auf einmal Einsicht in dieselbe erlangt, so ist man auch sehr geneigt, sie für wahr zu halten, zumal da es so viele eifrige Anhänger hat. Man sollte aber dabei immer bedenken, daß dieses Verstehen noch kein Grund ist, es selbst für wahr zu halten. Ich glaube, daß die meisten über der Freude, ein sehr abstraktes und dunkel gefaßtes System zu verstehen, zugleich geglaubt haben, es sei demonstriert." — Wie geistesverwandt sich Ludwig Feuerbach mit Lichtenberg fühlen mußte, das zeigt sich besonders, wenn man vergleicht, auf welche Gesichtspunkte sich beide Denker stellten, wenn sie das Verhältnis ihrer Weltanschauung zum praktischen Leben in Betracht zogen. Die Vorlesungen, die Feuerbach vor einer Anzahl von Studenten im Winter 1848 über das „Wesen der Religion" hielt, schloß er mit den Worten: „Ich wünsche nur, daß ich die mir gestellte, in einer der ersten Stunden ausgesprochene Aufgabe nicht verfehlt habe, die Aufgabe nämlich, Sie aus Gottesfreunden zu Menschenfreunden, aus Gläubigen zu Denkern, aus Betern zu Arbeitern, aus Kandidaten des Jenseits zu Studenten des Diesseits, aus Christen, welche ihrem eigenen Bekenntnis und Geständnis zufolge „„halb Tier, halb Engel"" sind, zu Menschen, zu ganzen Menschen zu machen." Wer, wie Feuerbach das gethan hat, alle Weltanschauung auf die Grundlage der Natur- und Menschenerkenntnis stellt, der muß auch auf dem Gebiete der Moral alle Aufgaben, alle Pflichten ablehnen, die aus einem andern Gebiet stammen als aus den natürlichen Anlagen des Menschen, oder die ein anderes Ziel haben als ein solches, das sich ganz auf die wahrnehmbare Welt bezieht. „Mein Recht ist mein gesetzlich anerkannter Glückseligkeitstrieb; meine Pflicht der mich zur Anerkennung zwingende Glückseligkeitstrieb anderer." Nicht im Ausblick auf ein Jenseits wird mir Aufschluß, was ich thun soll, sondern aus der Betrachtung des Diesseits. So viel Kraft ich darauf verwende, irgend welche Aufgaben zu erfüllen, die sich auf das Jenseits beziehen, so viel entziehe ich von meinen Fähigkeiten dem Diesseits, für das ich einzig bestimmt bin. „Konzentration auf das Diesseits" ist es daher, was Ludwig Feuerbach verlangt. Wir können in Lichtenbergs Schriften ähnliche Worte lesen. Aber gerade diese sind zugleich mit Bestandteilen vermischt, die zeigen, wie wenig es einem Denker, der nicht das Vermögen hat, seine Ideen in sich harmonisch auszubilden, gelingt, eine Idee bis in ihre äußersten Konsequenzen zu verfolgen. Lichtenberg fordert schon die Konzentration auf das Diesseits, aber er durchsetzt diese Forderung noch immer mit Vorstellungen, die auf ein Jenseits zielen. „Ich glaube, sehr viele Menschen vergessen über ihre Erziehung für den Himmel, die für die Erde. Ich sollte denken, der Mensch handelte am weisesten, wenn er erstere ganz an ihren Ort gestellt sein ließe. Denn wenn wir von einem weisen Wesen an diese Stelle gesetzt worden sind, woran kein Zweifel ist, so laßt uns das Beste in dieser Station thun, und uns nicht durch Offenbarungen blenden. Was der Mensch zu seiner Glückseligkeit zu wissen nötig hat, das weiß er gewiß ohne alle andere Offenbarung, als die, die er seinem Wesen nach besitzt.“ Vergleiche wie der zwischen Lichtenberg und Feuerbach sind für die Geschichte der Weltanschauungsentwickelung bedeutsam. Sie zeigen den Fortgang der Geister am anschaulichsten, weil man aus ihnen erkennt, was der Zeitabstand, der zwischen ihnen liegt, an diesem Fortgang bewirkt hat. Feuerbach ist durch Hegels Weltanschauung durchgegangen; er hat aus ihr die Kraft gezogen, seine entgegengesetzte Ansicht allseitig auszubilden. Er wurde nicht mehr gestört durch die Kantsche Frage: ob wir denn wirklich auch ein Recht haben, der Welt, die wir wahrnehmen, auch Wirklichkeit zuzuschreiben, oder ob diese Welt nur in unserer Vorstellung existierte? Wer das letztere behauptet, der kann in die jenseits der Vorstellungen liegende wahre Welt alle möglichen Triebkräfte für den Menschen verlegen. Er kann neben der natürlichen eine übernatürliche Weltordnung gelten lassen, wie dies Kant gethan hat. Wer aber im Sinne Feuerbachs das Wahrnehmbare für das Wirkliche erklärt, der muß alle übernatürliche Weltordnung ablehnen. Für ihn giebt es keinen irgend woher aus dem Jenseits stammenden kategorischen Imperativ; für ihn sind nur Pflichten vorhanden, die sich aus den natürlichen Trieben und Zielen des Menschen ergeben.

Um eine zur Hegelschen in solchem Gegensatz stehende

Weltanschauung auszubilden, wie dies Feuerbach gethan hat, dazu gehörte allerdings auch eine Persönlichkeit, die von der Hegels so verschieden war wie die seinige. Hegel fühlte sich wohl mitten im Getriebe des ihm gegenwärtigen Lebens. Das unmittelbare Treiben der Welt mit seinem philosophischen Geiste zu beherrschen, war ihm eine schöne Aufgabe. Als er von seiner Lehrthätigkeit in Heidelberg enthoben sein wollte, um nach Preußen überzugehen, da ließ er in seinem Abschiedsgesuch deutlich durchblicken, daß ihn die Aussicht lockt, einmal einen Thätigkeitskreis zu finden, der ihn nicht auf das bloße Lehren beschränke, sondern ihm das Eingreifen in die Praxis möglich mache. „Es müsse für ihn vornämlich die Aussicht von größter Wichtigkeit sein, zu mehrer Gelegenheit bei weiter vorrückendem Alter von der prekären Funktion, Philosophie an einer Universität zu dozieren, zu einer anderen Thätigkeit überzugehen und gebraucht zu werden.“ Wer eine solche Denkergesinnung hat, der muß in Frieden leben mit der Gestalt des praktischen Lebens, die dieses zu seiner Zeit angenommen hat. Er muß die Ideen, von denen es durchtränkt ist, vernünftig finden. Nur daraus kann er die Begeisterung schöpfen, an ihrem Ausbau mitzuwirken. Feuerbach war dem Leben seiner Zeit nicht freundlich gesinnt. Ihm war die Stille eines abgeschiedenen Ortes lieber als das Getriebe des in seiner Zeit „modernen“ Lebens. Er spricht sich darüber deutlich aus: „Überhaupt werde ich mich nie mit dem Städteleben versöhnen. Von Zeit zu Zeit in die Stadt zu ziehen, um zu lehren, das halte ich. nach den Eindrücken, die ich bereits hier hervorgebracht habe, für gut, ja für meine Pflicht; aber dann muß ich wieder zurück in die ländliche Einsamkeit, um hier im Schoße der Natur zu studieren und auszuruhen. Meine nächste Aufgabe ist, meine Vorlesungen, wie meine Zuhörer wünschen, oder die Papiere Vaters zum Druck vorzubereiten.“ Von seiner Einsamkeit aus glaubte Feuerbach am besten beurteilen zu können, was an der Gestalt, die das wirkliche Leben angenommen hat, nicht natürlich.

sondern nur durch die menschliche Illusion in dasselbe hineingetragen worden ist. Die Reinigung des Lebens von den Illusionen, das betrachtete er als seine Aufgabe. Dazu mußte er dem Leben in diesen Illusionen so fern als möglich stehen. Er suchte nach dem wahren Leben; das konnte er in der Form, die dasselbe durch die Zeitkultur angenommen hatte, nicht finden. Wie ehrlich er es mit der „Konzentration auf das Diesseits“ meinte, das zeigt ein Ausspruch, den er über die Märzrevolution gethan hat. Sie schien ihm unfruchtbar, weil in den Vorstellungen, die ihr zu Grund lagen, noch der alte Jenseitsglaube fortlebte: „Die Märzrevolution war noch ein, wenn auch illegitimes Kind des christlichen Glaubens. Die Konstitutionellen glaubten, daß der Herr nur zu sprechen brauche: es sei Freiheit! es sei Recht! so ist auch schon Recht und Freiheit; und die Republikaner glaubten, daß man eine Republik nur zu wollen brauche, um sie auch schon ins Leben zu rufen; glaubten also an die Schöpfung einer Republik aus Nichts. Jene versetzten die christlichen Weltwunder, diese die christlichen Thatwunder auf das Gebiet der Politik.“ Nur eine starke Persönlichkeit, die die Harmonie des Lebens, deren der Mensch bedarf, in sich selbst trägt, kann bei dem tiefen Unfrieden, in dem Feuerbach mit der Wirklichkeit lebte, zugleich die Hymnen auf die Wirklichkeit sprechen, die er gesprochen hat. Diese Stärke hören wir aus Worten wie diese: „In Ermangelung einer Aussicht ins Jenseits kann ich im Diesseits, im Jammerthal der deutschen, ja europäischen Politik überhaupt, nur dadurch mich bei Leben und Verstand erhalten, daß ich die Gegenwart zu einem Gegenstande aristophanischen Gelächters mache.“ Nur eine solche Persönlichkeit konnte aber auch alle die Kraft, die andere von einer äußeren Macht ableiten, im Menschen selbst suchen.

* *
*

„Gott war mein erster Gedanke, die Vernunft mein zweiter, der Mensch mein dritter und letzter Gedanke.“ So schildert Feuerbach den Weg, den er gegangen war vom Gläubigen zum Anhänger der Hegelschen, und dann zu seiner eigenen Weltanschauung. Dasselbe hätte der Denker von sich sagen können, der im Jahre 1834 eines der wirksamsten Bücher des Jahrhunderts geliefert hat, das „Leben Jesu“. Es war David Friedrich Strauß (1808—1874). Feuerbach ging von einer Untersuchung der menschlichen Seele aus und fand, daß sie das Bestreben hat, ihr eigenes Wesen in die Welt hinaus zu versetzen und als göttliches Urwesen zu verehren. Er versuchte eine psychologische Erklärung dafür, wie der Gottesbegriff entsteht. Den Anschauungen von Strauß lag ein ähnliches Ziel zu Grunde, er ging aber nicht wie Feuerbach den Weg des Psychologen, sondern den des Geschichtsforschers. Und er stellte nicht den Gottesbegriff im allgemeinen, in dem umfassenden Sinn, in dem das Feuerbach gethan hat, in den Mittelpunkt seines Nachsinnens, sondern den christlichen Begriff des Gottmenschen Jesu. Er wollte zeigen, wie die Menschheit zu dieser Vorstellung im Verlaufe der Geschichte gelangt ist. Daß im menschlichen Geiste sich das göttliche Urwesen offenbart, war die Überzeugung der Hegelschen Weltanschauung. Diese hatte auch Strauß aufgenommen. Aber nicht in einem einzelnen Menschen kann sich die göttliche Idee in ihrer ganzen Vollkommenheit verwirklichen. Der individuelle Einzelmensch ist immer nur ein unvollkommener Abdruck des göttlichen Geistes. Was dem einen Menschen zur Vollkommenheit fehlt, das hat der andere. Wenn man das ganze Menschengeschlecht ansieht, so wird man in ihm, auf unzählige Individuen verteilt, alle Vollkommenheiten finden, die der Göttlichkeit eigen sind. Das Menschengeschlecht im ganzen ist somit der fleischgewordene Gott, der Gottmensch. Dies ist, nach Straußens Meinung, der Jesus-Begriff des Denkers. Von diesem Gesichtspunkt aus tritt Strauß an die Kritik des christlichen Begriffes vom Gottmenschen heran. Was dem Gedanken nach auf das ganze Menschengeschlecht verteilt ist, legt das Christentum einer Persönlichkeit bei, die einmal im Verlauf der Geschichte wirklich existiert haben soll. „In einem Individuum, einem Gottmenschen, gedacht, widersprechen sich die Eigenschaften und Funktionen, welche die Kirchenlehre Christo zuschreibt: in der Idee der menschlichen Gattung stimmen sie zusammen.“ Gestützt auf sorgfältige Untersuchungen über die historischen Grundlagen der Evangelien, sucht Strauß nachzuweisen, daß die Vorstellungen des Christentums Ergebnisse der religiösen Phantasie sind. Diese habe die religiöse Wahrheit, daß die menschliche Gattung der Gottmensch sei, zwar dunkel geahnt, aber nicht in klaren Begriffen gefaßt, sondern in einer dichterischen Gestalt, in einem Mythus zum Ausdrucke gebracht. Die Geschichte des Gottessohnes ist ein Mythus, in dem die Idee der Menschheit dichterisch gestaltet wurde, lange bevor sie von den Denkern in der Form des reinen Gedankens erkannt wurde. Von diesem Gesichtspunkt aus gewinnt alles Wunderbare der christlichen Geschichte eine Erklärung, ohne daß man gezwungen ist, zu der trivialen Auffassung zu greifen, in den Wundern absichtliche Täuschungen oder Betrügereien zu sehen, zu denen der Religionsstifter entweder selbst gegriffen haben soll, um mit seiner Lehre einen möglichst großen Eindruck zu machen, oder welche die Apostel zu diesem Zwecke ersonnen haben sollen. Auch eine andere Ansicht, welche in den Wundern allerlei natürliche Vorgänge sehen wollte, war beseitigt. Die Wunder stellten sich dar als dichterisches Gewand für wirkliche Wahrheiten. Wie die Menschheit von ihren endlichen Interessen, dem Leben des Alltags, sich erhebt zu ihren unendlichen, zur Erkenntnis der göttlichen Wahrheit und Vernünftigkeit: das stellt der Mythus in dem Bilde des sterbenden und auferstehenden Heilandes dar. Das Endliche stirbt, um als Unendliches wieder zu erstehen. Noch radikaler geht Strauß zu Werke in seinem 1840—41 erschienenen Buche: „Die christliche Glaubenslehre in ihrer geschichtlichen Entwickelung und im Kampfe mit der modernen Wissenschaft". Hier handelt es sich ihm um Auflösung der christlichen Dogmen aus ihrer dichterischen Gestalt in die Gedankenwahrheiten, die ihnen zu Grunde liegen. Er betont jetzt die Unverträglichkeit des modernen Bewußtseins mit demjenigen, das sich an die alten bildlich-mythischen Darstellungen der Wahrheit hält. „Also lasse der Glaubende den Wissenden, wie dieser jenen, ruhig seine Straße ziehen; wir lassen ihnen ihren Glauben, so lassen sie uns unsere Philosophie; und wenn es den Überfrommen gelingen sollte, uns aus ihrer Kirche auszuschließen, so werden wir dies für Gewinn achten. Falsche Vermittelungsversuche sind jetzt genug gemacht; nur die Scheidung der Gegensätze kann weiter führen." Eine ungeheure Aufregung der Gemüter hatten Straußens Anschauungen hervorgebracht. Bitter wurde es empfunden, daß die moderne Weltanschauung sich nicht mehr begnügte, die religiösen Grundvorstellungen im allgemeinen zu treffen, sondern daß sie durch eine mit allen wissenschaftlichen Mitteln ausgerüstete Geschichtsforschung die „Inkonsequenz" beseitigen wollte, von der einst Lichtenberg gesagt hatte, sie bestehe darin, daß „sich die menschliche Natur sogar unter das Joch eines Buches geschmiegt habe. Man kann sich — fährt er fort — nichts Entsetzlicheres denken, und dieses Beispiel allein zeigt, was für ein hilfloses Geschöpf der Mensch in concreto, ich meine in diese zweibeinige Phiole aus Erde, Wasser und Salz eingeschlossen, ist. Wäre es möglich, daß die Vernunft sich je einen despotischen Thron erbaute, so müßte ein Mann, der im Ernst das Copernicanische System durch die Auktorität eines Buches widerlegen wollte, gehenkt werden. Daß in einem Buche steht, es sei von Gott, ist noch kein Beweis, daß es von Gott sei; daß aber unsere Vernunft von Gott sei, ist gewiß, man mag nun das Wort Gott nehmen, wie man will. — Die Vernunft straft da, wo sie herrscht, bloß mit den natürlichen Folgen des Vergehens oder mit Belehrung, wenn belehren strafen genannt werden kann." Daß die mythischen Glaubensvorstellungen damals noch nicht reif waren bei einer größeren Menge und bei den politischen Machtfaktoren in das reine Licht des Gedankens überzugehen, das zeigte sich an dem Schicksal Straußens. Seiner Stelle als Repetent am Tübinger Stift wurde er infolge des „Lebens Jesu“ enthoben; und als er dann eine Professur der Theologie an der Universität Zürich antrat, kam das Landvolk mit Dreschflegeln herbei, um den Auflöser des Mythus unmöglich zu machen und seine Pensionierung zu erzwingen.

Weit über das Ziel hinaus, das sich Strauß setzte, ging ein anderer Denker in seiner Kritik der alten Weltanschauung vom Standpunkte der neuen aus: Bruno Bauer. Die Ansicht, die Feuerbach vertritt, daß das Wesen des Menschen auch dessen höchstes Wesen sei und jedes andere höhere nur eine Illusion, die er nach seinem Ebenbilde geschaffen und selbst über sich gesetzt hat, treffen wir auch bei Bruno Bauer, aber in grotesker Form. Er schildert, wie das menschliche Ich dazu kam, sich ein illusorisches Gegenbild zu schaffen in Ausdrücken, denen man ansieht, daß sie nicht aus dem Bedürfnis eines liebevollen Begreifens des religiösen Bewußtseins, wie bei Strauß, sondern aus Freude an der Zerstörung hervorgingen. Er sagt, dem „alles verschlingenden Ich graute vor sich selbst; es wagte sich nicht als alles und als die allgemeinste Macht zu fassen, d. h. es blieb noch der religiöse Geist und vollendete seine Entfremdung, indem es seine allgemeine Macht als eine fremde sich selbst gegenüberstellte und dieser Macht gegenüber in Furcht und Zittern für seine Erhaltung und Seligkeit arbeitete“. Bruno Bauer ist eine Persönlichkeit, die darauf ausgeht, ihr temperamentvolles Denken an allem Vorhandenen kritisch zu erproben. Daß das Denken berufen sei, zum Wesen der Dinge vorzudringen, hat er, als seine Überzeugung, aus Hegels Weltanschauung übernommen. Aber er ist nicht, gleich Hegel, dazu veranlagt, das Denken sich in einem Ergebnis, in einem Gedankengebäude ausleben zu lassen. Sein Denken ist kein hervorbringendes, sondern ein kritisches. Durch einen bestimmten Gedanken, durch eine positive Idee hätte er sich beschränkt gefühlt. Er will die kritische Kraft des Denkens nicht dadurch festlegen, daß er von einem Gedanken als von einem bestimmten Gesichtspunkt ausgeht, wie Hegel das gethan hat. „Die Kritik ist einerseits die letzte That einer bestimmten Philosophie, welche sich darin von einer positiven Bestimmtheit, die ihre wahre Allgemeinheit noch beschränkt, befreien muß, und darum andererseits die Voraussetzung, ohne welche sie sich nicht zur letzten Allgemeinheit des Selbstbewußtseins erheben kann.“ Dies ist das Glaubensbekenntnis der „Kritik“ der Weltanschauung, zu dem sich Bruno Bauer bekannte. Die „Kritik“ glaubt nicht an Gedanken, Ideen, sondern nur an das Denken. „Der Mensch ist nun erst gefunden,“ triumphiert Bauer. Denn der Mensch ist nun durch nichts mehr gebunden als durch sein Denken. Menschlich ist nicht, sich an irgend etwas außermenschliches hinzugeben, sondern alles im Schmelztigel des Denkens bearbeiten. Nicht Ebenbild eines anderen Wesens soll der Mensch sein, sondern vor allen Dingen „Mensch“ und das kann er nur dadurch, daß er sich durch sein Denken dazu macht. Der denkende Mensch ist der wahre Mensch. Nicht irgend etwas Äußeres, nicht Religion, Recht, Staat, Gesetz u. s. w. kann den Menschen zum Menschen machen, sondern allein sein Denken.

* * *

Was Feuerbach als des Menschen höchstes Wesen erklärt hat, wovon Bruno Bauer behauptet hat, daß es durch die Kritik als Weltanschauung erst gefunden sei: „den Menschen“ sich völlig unbefangen und voraussetzungslos anzusehen, ist die Aufgabe, die sich Max Stirner (1806—1856) in seinem 1845 erschienenen Buche „Der Einzige und sein Eigentum“ gestellt hat. In diesem Manne hat das Denken eine seiner reifsten Früchte gezeitigt. Er hat es daher vermocht, vermittelst des Denkens wirklich zur Freiheit zu kommen; dadurch, daß er den Mut und die Kraft besaß, den Zerstörungskampf gegen die Illusionen, von denen sich der Mensch abhängig gemacht hat, bis zum Ende zu führen. Durch den wirklich frei denkenden Stirner kann man sehen, wie groß der Hang des Menschen ist, sich irgend einer Macht in die Arme zu werfen. Glaubt nicht z. B. Bruno Bauer den Menschen vollkommen zu befreien, indem er ihn zum denkenden Menschen machen will? Aber macht er ihn nicht dadurch gerade wieder abhängig, nämlich vom Denken. Der Mensch soll nicht der Sklave von Religion, Recht, Staat, Gesetz u. s. w. sein, er soll durch sein Denken nicht einmal einen bestimmten Gedankenbau hervorbringen, damit er nicht von einem solchen abhängig sei. Aber er soll sich doch rückhaltlos dem Denken ausliefern, sich zu dessen Sklaven machen. Stirner erscheint jeder, der sich an eine Macht hingiebt, sich durch sie bestimmen läßt, als ein Besessener. Und es ist ganz gleichgültig, ob der Mensch besessen ist von einem unendlichen göttlichen Urwesen, oder von dem Wesen, das er sich als sein eigenes vorstellt. Stirner findet: „Mit der Kraft der Verzweiflung greift Feuerbach nach dem gesamten Inhalt des Christentums, nicht, um ihn wegzuwerfen, nein, um ihn zu ergreifen, um ihn, den langersehnten, immer ferngebliebenen, mit einer letzten Anstrengung aus dem Himmel zu ziehen und auf ewig bei sich zu behalten. Ist dies nicht ein Griff der letzten Verzweiflung, ein Griff auf Leben und Tod, und ist es nicht zugleich die christliche Sehnsucht und Begierde nach dem Jenseits? Der Heros will nicht in das Jenseits eingehen, sondern das Jenseits an sich heranziehen, und zwingen, daß es zum Diesseits werde! Und schreit seitdem nicht alle Welt, mit mehr oder weniger Bewußtsein, aufs „Diesseits“ komme es an, und der Himmel müsse auf die Erde kommen und schon hier erlebt werden?“ Stirner stellt der Ansicht Feuerbachs einen heftigen Widerspruch gegenüber: „Das höchste Wesen ist allerdings das Wesen des Menschen, aber eben weil es sein Wesen und nicht er selbst ist, so bleibt es sich ganz gleich, ob wir es außer ihm sehen und als „Gott“ anschauen, oder in ihm finden und „Wesen des Menschen“ oder „der Mensch“ nennen. Ich bin weder Gott, noch der Mensch, weder das höchste Wesen, noch mein Wesen, und darum ist's in der Hauptsache einerlei, ob ich das Wesen in mir oder außer mir denke. Ja, wir denken auch wirklich immer das höchste Wesen in beiderlei Jenseitigkeit, in der innerlichen und äußerlichen, zugleich, denn der „Geist Gottes“ ist nach christlicher Anschauung auch „Unser Geist“ und „wohnet in uns.“ Er wohnt im Himmel und wohnt in uns. Wir armen Dinger sind eben nur seine „Wohnung“, und wenn Feuerbach noch die himmlische Wohnung desselben zerstört, und ihn nötigt, mit Sack und Pack zu uns zu ziehen, so werden wir, sein irdisches Logis, sehr überfüllt werden.“ So lange das einzelne menschliche Ich noch irgend eine Kraft setzt, von der es sich abhängig fühlt, sieht es sich selbst nicht von seinem eigenen Gesichtspunkte, sondern von demjenigen dieser fremden Macht aus. Es besitzt sich nicht selbst, es wird von dieser Macht besessen. Der Religiöse sagt: es giebt ein göttliches Urwesen, und dessen Abbild ist der Mensch. Er ist von dem göttlichen Urbilde besessen. Der Hegelianer sagt: es giebt eine allgemeine Weltvernunft, und diese verwirklicht sich in der Welt, um im menschlichen Ich zu ihrem Gipfel zu gelangen. Das Ich ist also von der Weltvernunft besessen. Feuerbach sagt, es giebt ein Wesen des Menschen, und jeder Einzelne ist ein individuelles Abbild dieses Wesens. Jeder einzelne ist also von dem „Wesen der Menschheit“ besessen. Denn wirklich vorhanden ist nur der einzelne Mensch, nicht der „Gattungsbegriff der Menschheit,“ den Feuerbach an die Stelle des göttlichen Wesens setzt. Wenn also der einzelne Mensch die „Gattung Mensch“ über sich setzt, so giebt er sich genau so an eine Illusion verloren, wie wenn er sich von einem persönlichen Gotte abhängig fühlt. Für Feuerbach werden daher die Gebote, die der Christ als von Gott eingesetzt glaubt und deshalb für verbindlich hält, zu Geboten, die bestehen, weil sie der allgemeinen Idee der Menschheit entsprechen. Der Mensch beurteilt sich sittlich so, daß er sich fragt: entsprechen meine Handlungen als Einzelner dem, was dem Wesen des Allgemein-Menschlichen angemessen ist? Denn Feuerbach sagt: „Ist das Wesen des Menschen das höchste Wesen des Menschen, so muß auch praktisch das höchste und erste Gesetz die Liebe des Menschen zum Menschen sein. Homo homini deus est. Die Ethik ist an und für sich eine göttliche Macht. Die moralischen Verhältnisse sind durch sich wahrhaft religiöse Verhältnisse. Das Leben ist überhaupt in seinen wesentlichen substantiellen Verhältnissen durchaus göttlicher Natur. Alles Richtige, Wahre, Gute hat überall seinen Heiligungsgrund in sich selbst, in seinen Eigenschaften. Heilig ist und sei die Freundschaft, heilig das Eigentum, heilig die Ehe, heilig das Wohl jedes Menschen, aber heilig an und für sich selbst." Es giebt also allgemein-menschliche Mächte; die Ethik ist eine solche. Sie ist heilig an und für sich selbst; ihr hat sich das Individuum zu fügen. Dieses Individuum soll nicht wollen, was es von sich aus will; sondern, was im Sinne der heiligen Ethik liegt. Es ist von der Ethik besessen. Stirner charakterisiert diese Ansicht: „Für den Gott des Einzelnen ist nun der Gott Aller, nämlich „der Mensch" erhöht worden: „es ist ja unser Aller höchstes, Mensch zu sein." Da aber niemand ganz das werden kann, was die Idee „Mensch" besagt, so bleibt der Mensch dem Einzelnen ein erhabenes Jenseits, ein unerreichtes höchstes Wesen, ein Gott." Ein solch höchstes Wesen ist aber auch das Denken, das die Kritik als Weltanschauung zum Gott gemacht hat. Stirner kann daher auch vor ihm nicht Halt machen. „Der Kritiker fürchtet sich, dogmatisch zu werden oder Dogmen aufzustellen. Natürlich, er würde dadurch ja zum Gegensatz des Kritikers, zum Dogmatiker, er würde, wie er als Kritiker gut ist, nun böse, u. s. w. — „Nur kein Dogma!", das ist sein Dogma. Denn es bleibt der Kritiker mit dem Dogmatiker auf ein und demselben Boden, dem der Gedanken. Gleich dem letzteren geht er stets von einem Gedanken aus, aber darin weicht er ab, daß er's aufgiebt, den prinzipiellen Gedanken im Denkprozesse zu erhalten, ihn also nicht stabil werden läßt. Er macht nur den Denkprozeß gegen die Denkgläubigkeit, den Fortschritt im Denken gegen den Stillstand in demselben geltend. Vor der Kritik ist kein Gedanke sicher, da sie das Denken oder der denkende Geist selber ist .... Ich bin kein Gegner der Kritik, d. h. ich bin kein Dogmatiker, und fühle mich von dem Zahne des Kritikers, womit er den Dogmatiker zerfleischt, nicht getroffen. Wäre ich ein Dogmatiker, so stellte ich ein Dogma, d. h. einen Gedanken, eine Idee, ein Prinzip obenan, und vollendete dies als „Systematiker", indem ich's zu einem System, d. h. zu einem Gedankenbau ausspänne. Wäre ich umgekehrt ein Kritiker, nämlich ein Gegner des Dogmatikers, so führte ich den Kampf des freien Denkens gegen den knechtischen Gedanken, verteidigte das Denken gegen das Gedachte. Ich bin aber weder Champion eines Gedankens, noch der des Denkens." Auch jeder Gedanke ist von dem individuellen Ich eines Einzelnen erzeugt, und wäre er auch der Gedanke der eigenen Wesenheit. Und wenn der Mensch sein eigenes Ich zu erkennen glaubt, es irgendwie, seiner Wesenheit nach beschreiten will, so macht er es schon von dieser Wesenheit abhängig. Ich mag ersinnen, was ich will: sobald ich mich begrifflich bestimme, definiere, mache ich mich zu einem Sklaven dessen, was mir der Begriff, die Definition liefert. Hegel machte das Ich zur Erscheinung der Vernunft, d. h. er machte es von dieser abhängig. Aber alle solche Abhängigkeiten können dem Ich gegenüber nicht gelten; denn sie sind ja alle aus ihm selbst entnommen. Sie beruhen also darauf, daß das Ich sich täuscht. Es ist in Wahrheit nicht abhängig. Denn alles, wovon es abhängig sein soll, muß es erst selbst erzeugen. Es muß etwas aus sich nehmen, um es als „Spuk" über sich zu setzen. „Mensch, es spukt in deinem Kopfe; du hast einen Sparren zu viel! Du bildest dir große Dinge ein und malst dir eine ganze Götterwelt aus, die für dich da sei, ein Geisterreich, zu welchem du berufen seist, ein Ideal, das dir winkt. Du hast eine fixe Idee!" In Wahrheit kann kein Denken an das heranrücken, was als Ich in mir lebt. Ich kann mit meinem Denken an alles kommen, nur vor meinem Ich muß ich Halt machen. Das kann ich nicht denken, das kann ich nur erleben. Ich bin nicht Wille; ich bin nicht Idee, ebensowenig, wie ich Ebenbild einer Gottheit bin. Alle anderen Dinge mache ich mir durch mein Denken begreiflich. Das Ich lebe ich. Ich brauche mich nicht weiter zu definieren, zu beschreiben; denn ich erlebe mich in jedem Augenblicke. Zu beschreiben brauche ich mir nur, was ich nicht unmittelbar erlebe, was außer mir ist. Es ist widersinnig, daß ich mich selbst, da ich mich immer als Ding habe, auch noch als Gedanken, als Idee erfassen will. Wenn ich einen Stein vor mir habe, so suche ich mir durch mein Denken zu erklären, was dieser Stein ist. Was ich selbst bin, brauche ich mir nicht erst zu erklären; denn ich lebe es ja. Treffend antwortet Stirner auf einen Angriff gegen sein Buch: „Der Einzige ist ein Wort, und bei einem Worte müßte man sich doch etwas denken können, ein Wort müßte doch einen Gedankeninhalt haben. Aber der Einzige ist ein gedankenloses Wort, es hat keinen Gedankeninhalt. — Was ist dann aber sein Inhalt, wenn der Gedanke es nicht ist? Einer, der nicht zum zweitenmale da sein, folglich auch nicht ausgedrückt werden kann; denn könnte er ausgedrückt, wirklich und ganz ausgedrückt werden, so wäre er zum zweitenmale da, wäre im „Ausdruck" da. — Weil der Inhalt des Einzigen kein Gedankeninhalt ist, darum ist er auch undenkbar und unsagbar, weil aber unsagbar, darum ist er, diese vollständige Phrase, zugleich keine Phrase. — Erst dann, wenn nichts von dir ausgesagt und du nur genannt wirst, wirst du anerkannt als du. Solange Etwas von dir ausgesagt wird, wirst du nur als dieses Etwas (Mensch, Geist, Christ u. s. f.) anerkannt. Der Einzige sagt aber nichts aus, weil er nur Name ist, nur dies sagt, daß du du, und nichts anderes als du bist, daß du ein einziges „Du" und du selber bist. Hierdurch bist du prädikatlos, damit aber zugleich bestimmungslos, beruflos, gesetzlos u. s. w." — (Vergl. Stirners kleine Schriften, herausgegeben von J. H. Mackay, S. 116.) Stirner hat bereits 1842 in einem Aufsatz der „Rheinischen Zeitung," der zu dem Bedeutendsten gehört, was die Pädagogik zu allen Zeiten hervorgebracht hat, über das „unwahre Prinzip unserer Erziehung oder der Humanismus und Realismus" (vergl. kleine Schriften S. 5ff.) sich klar darüber ausgesprochen, daß das Denken, das Wissen nicht bis zu dem Kern der Persönlichkeit vorbringen kann. Er betrachtet es daher als ein unwahres Erziehungsprinzip, wenn nicht dieser Kern der Persönlichkeit zum Mittelpunkt gemacht wird, sondern in einseitiger Weise das Wissen. „Ein Wissen, welches sich nicht so läutert und konzentriert, daß es zum Wollen fortreißt, oder mit anderen Worten, welches mich nur als ein Haben und Besitz beschwert, statt ganz und gar mit mir zusammen gegangen zu sein, so daß das frei bewegliche Ich, von keiner nachschleppenden Habe beirrt, frischen Sinnes die Welt durchzieht, ein Wissen also, das nicht persönlich geworden, giebt eine erbärmliche Vorbereitung fürs Leben ab . . . . Ist es der Drang unserer Zeit, nachdem die Denkfreiheit errungen, diese bis zur Vollendung zu verfolgen, durch welche sie in die Willensfreiheit umschlägt, um die letztere als das Prinzip einer neuen Epoche zu verwirklichen, so kann auch das letzte Ziel der Erziehung nicht mehr das Wissen sein, sondern das aus dem Wissen geborene Wollen, und der sprechende Ausdruck dessen, was sie zu erstreben hat, ist: der persönliche oder freie Mensch . Wie in gewissen anderen Sphären, so läßt man auch in der pädagogischen die Freiheit nicht zum Durchbruch, die Kraft der Opposition nicht zu Worte kommen: man will Unterwürfigkeit. Nur ein formelles und materielles Abrichten wird bezweckt, und nur Gelehrte gehen aus den Menagerien der Humanisten, nur „brauchbare Bürger" aus denen der Realisten hervor, die doch beide nichts als unterwürfige Menschen sind. . .

Das Wissen muß sterben, um als Wille wieder aufzuerstehen, und als freie Person sich täglich neu zu schaffen." In der Person des Einzelnen kann nur der Quell dessen liegen, was er thut. Die sittlichen Pflichten können nicht Gebote sein, die dem Menschen von irgend woher gegeben werden, sondern Ziele, die er sich selbst vorsetzt. Es ist eine Täuschung, wenn der Mensch glaubt: er thue etwas deshalb, weil er ein Gebot einer allgemeinen heiligen Ethik befolgt. Er thut es, weil das Leben seines Ich ihn dazu antreibt. Ich liebe meinen Nächsten nicht deshalb, weil ich ein heiliges Gebot der Nächstenliebe befolge, sondern weil mich mein Ich zum Nächsten hinzieht. Ich soll ihn nicht lieben; ich will ihn lieben. Was die Menschen gewollt haben, das haben sie als Gebote über sich gesetzt. In diesem Punkte ist Stirner am leichtesten mißzuverstehen. Er leugnet nicht das moralische Handeln. Er leugnet bloß das moralische Gebot. Wie der Mensch handelt, wenn er sich nur richtig versteht, das wird von selbst eine moralische Weltordnung ergeben. Moralische Vorschriften sind ein Spuk, eine fixe Idee. Sie setzen etwas fest, wozu der Mensch von selbst kommt, wenn er sich seiner Natur ganz überläßt. Die Moralisten wenden da natürlich ein: Giebt es nicht Verbrecher? Dürfen diese darnach handeln, was ihnen ihre Natur vorzeichnet? Diese Moralisten sehen das allgemeine Chaos voraus, wenn den Menschen nicht Moralvorschriften heilig sind. Ihnen muß man in Stirners Sinn antworten: Giebt es in der Natur nicht auch Krankheiten? Sind diese nicht ebenso nach ewigen, ehernen Gesetzen hervorgebracht wie alles Gesunde? Aber kann man deshalb nicht doch das Kranke von dem Gesunden unterscheiden? So wenig es je einem vernünftigen Menschen einfallen wird, das Kranke zum Gesunden zu rechnen, weil es ebenso wie jenes durch Naturgesetze hervorgebracht ist, so wenig ist es Stirner eingefallen, das Unmoralische zum Moralischen zu zählen, weil es ebenso wie dieses entsteht, wenn der Einzelne sich selbst überlassen ist. Was aber Stirner von den Moralisten unterscheidet, das ist die Überzeugung, daß im Menschenleben, wenn die Einzelnen sich selbst überlassen sind, das Moralische ebenso das Herrschende sein werde, wie in der Natur es das Gesunde ist. Er glaubt an den sittlichen Adel der Menschennatur, an die freie Entwickelung der Moralität aus den Individuen heraus; die Moralisten glauben nicht an diesen Adel; deshalb erniedrigen sie die Natur des Individuums zur Sklavin allgemeiner Gebote, den Zuchtmitteln des menschlichen Handelns. Sie müssen viel Böses und Ruchloses auf dem Grunde ihrer Seele haben, diese „moralischen Menschen“, weil sie durchaus nach moralischen Vorschriften verlangen; sie müssen recht liebelos sein, weil sie sich die Liebe, die doch als freier Trieb in ihnen entstehen sollte, durch ein Gebot anbefehlen lassen wollen. Und wenn vor sieben Jahren in einer ernsten Schrift noch tadelnd gesagt werden konnte: „Max Stirners Schrift „„der Einzige und sein Eigentum““ zertrümmerte Geist und Menschheit, Recht und Staat, Wahrheit und Tugend als Götzenbilder der Gedankenknechtschaft und bekennt frei: „„Mir geht nichts über mich““ (Heinrich von Treitschke, Deutsche Geschichte. 5. Teil. S. 424), so ist das nur ein Beweis dafür, wie weit das Zeitbewußtsein heute noch entfernt ist von dem Verständnis des Mannes, dem das menschliche Individuum als etwas so hehres, erhabenes, einziges und freies vor Augen stand, das nicht einmal der Hochflug der Gedankenwelt imstande sein soll, es zu erreichen. In der zweiten Hälfte des Jahrhunderts war Max Stirner so gut wie vergessen. Den Bemühungen John Henry Mackays ist es zu danken, daß wir heute von ihm ein Lebens- und Charakterbild haben. Er hat in seinem Buche „Max Stirner. Sein Leben und sein Werk“ (Berlin 1898, Schuster und Loeffler) alles verarbeitet, was jahrelanges Suchen als Stoff für die Charakteristik des „kühnsten und konsequentesten Denkers“ geliefert hat.

Dieser Denker wurde Jahrzehnte lang vergessen, weil die Mittel zu seinem Verständnisse erst in der zweiten Jahrhunderthälfte in der rechten Weise benutzt werden konnten. Die Entwickelung der Weltanschauung ist von einem illusorischen Außerweltlichen ausgegangen. Stirner hat dieses Außerweltliche erst vollständig überwunden. Wie aus der Pistole herausgeschossen, erscheint durch ihn das freie, souveräne Individuum auf dem Plan der Weltanschauungsentwickelung. Durch geniale Intuition hat er es erkannt. Es war nicht jedermanns Sache, diese geniale Intuition nachzudenken. In der zweiten Jahrhunderthälfte greift aber in die Weltanschauungsentwickelung etwas ein, das methodisch, anschaulich zu der Ansicht Stirners hinführt: die naturwissenschaftlichen Ideen. Die erste Hälfte des neunzehnten Jahrhunderts hat ihre Weltanschauungen aus dem Idealismus geboren. Wenn eine Brücke zur Naturwissenschaft gezogen wird, wie bei Schelling, Lorenz Oken (1779—1851), Henrik Steffens (1773—1845), so geschieht es vom Gesichtspunkte der idealistischen Weltanschauung aus und im Interesse derselben. Die Zeit ist so wenig reif, naturwissenschaftliche Gedanken für die Weltanschauung fruchtbar zu machen, daß Jean Lamarcks geniale Anschauung von der Entwickelung der vollkommensten Organismen aus den einfachen, die 1809 ans Licht trat, völlig unberücksichtigt geblieben ist, und daß, als Geoffroy de St. Hilaire den Gedanken einer allgemeinen natürlichen Verwandtschaft aller Organismen-Formen 1830 im Kampf gegen Cuvier vertrat, Goethes Genius dazu gehörte, die Tragweite dieser Idee einzusehen. Die zahlreichen naturwissenschaftlichen Ergebnisse, die auch die erste Jahrhunderthälfte gebracht hat, wurden für die Weltanschauungsentwickelung erst in der zweiten fruchtbar, namentlich, nachdem Charles Darwin für die Erkenntnis der Lebewelt im Jahre 1859 ganz neue Aussichten eröffnet hatte. Sie können also auch erst im zweiten Bande zur Sprache kommen.

Inhalt.

	Seite
Einleitung	1
Das Zeitalter Kants und Goethes	17
Die Klassiker der Welt- und Lebensanschauung	77
Reaktionäre Weltanschauungen	115
Die radikalen Weltanschauungen	142